AF558764

Matilde Serao

DER BAUCH VON NEAPEL

Matilde Serao

DER BAUCH VON NEAPEL

Literarische Kolumnen

Aus dem Italienischen
von Ulrike Schimming

S. Marix Verlag

Matilde Serao
kam 1856 im griechischen Patras zur Welt. Sie arbeitete als Lehrerin, Journalistin und Schriftstellerin. Zusammen mit ihrem Ehemann, dem Journalisten und Schriftsteller Edoardo Scarfoglio, gründete sie zwei Tageszeitungen, *Il Corriere di Roma* (1885) und *Il Mattino di Napoli* (1892). 1903 rief sie in Neapel als erste Frau in der Geschichte des italienischen Journalismus eine neue Zeitung ins Leben, *Il Giorno*, die sie bis zu ihrem Tod leitete. Sie galt als Vielschreiberin und verfasste neben ihren journalistischen Texten mehr als vierzig Romane. Matilde Serao starb 1927 an einem Herzinfarkt. Sie ist in Neapel auf dem Friedhof Poggioreale begraben.

Ulrike Schimming
übersetzt seit mehr als 25 Jahren Literatur aus dem Italienischen und Englischen. Darunter einen Neapel-Krimi von Patrizia Rinaldi, Romane von Tea Ranno und Renata Viganò, aber auch Sachbücher wie die Holocaust-Erinnerungen von Liliana Segre und der Schwestern Andra und Tatiana Bucci. 2018 wurde sie mit dem Deutschen Jugendliteraturpreis in der Sparte Sachbuch für ihre Übersetzung von Gianumberto Accinellis *Der Dominoeffekt* ausgezeichnet.

Inhalt

An die Baroness Julie von Rothschild
Château de Pregny, Genf

Meine Signora und Freundin,

Sie haben Neapel geliebt und lieben es noch immer mit brennendem Herzen und aufgeklärtem, hellem Verstand. Und der Wunsch nach Gutem, den Sie für diese wunderbare Stadt hegen, ist lebendiger Teil alles Guten, das in Ihrem Geist lebt.
Ihnen allein möchte ich also dieses Buch voller Herzenswärme, Mitgefühl und Trauer für Neapel widmen.
Und seien Sie gewogen Ihrer Freundin

Matilde Serao

Vorwort der Autorin

Dieses Buch wurde in drei verschiedenen Zeiträumen verfasst. Der erste Teil entstand im Jahr 1884, als mich in einem weit entfernten Land all die Entsetzlichkeiten und Schrecken aus Neapel erreichten und mich wegen der Geißel, die Krankheit und Tod in dieser Stadt verbreitete, das Mitleid überkam. Schmerz, Angst und Sorge, die alle künstlerische Sorgfalt der Schreibenden beherrschen, sollen zeigen, wie tief mein neapolitanisches Herz leiden musste.

Der zweite Teil wurde zwanzig Jahre später geschrieben, also erst vor zwei Jahren. Er schließt sich an den ersten an, ist jedoch ruhiger, wenngleich auch verzagter und skeptischer, dass dem neapolitanischen Volk, zu dem die Schreibende in ehrenvoller, geschwisterlicher Beziehung steht, jemals eine bessere soziale und anständige Zukunft gesichert werden kann.

Der dritte Teil ist von gestern, von heute. Ich muss dazu nichts sagen, denn er ist wie die beiden anderen: die Meinung eines ehrlichen Herzens, einer ehrlichen Seele; eine liebevolle und schmerzhafte Meinung; eine nostalgische und traurige Beschwörung eines Ideals von Gerechtigkeit und Barmherzigkeit, das über das neapolitanische Volk kommen, es bessern und erheben möge!

Neapel, Herbst 1905
Matilde Serao

Vor zwanzig Jahren

Man muss Neapel ausweiden

Ein durchschlagender Satz[1], doch Sie, Onorevole Depretis[2], kannten ihn nicht, den Bauch von Neapel. Sie hatten Unrecht, denn Sie sind die Regierung, und die Regierung muss alles wissen. Natürlich sind die farbigen Beschreibungen der Chronisten mit literarischem Anspruch, die von der Via Caracciolo[3], dem türkisfarbenen Meer, dem kobaltblauen Himmel, den zauberhaften Damen und den violetten Wolken bei Sonnenuntergang erzählen, nicht für die Regierung bestimmt. Für all diese Phrasen über den Golf und die blühenden Hügel haben wir uns bereits entschuldigt und leisten auch heute noch ehrenvolle Abbitte, indem wir demütig vor der leidenden Heimat niederknien. All diese kurzen und leichtverständlichen literarischen Fragmente sind für ein Publikum bestimmt, das nicht mit Elendserzählungen behelligt werden will. Die Regierung jedoch hätte *die andere Seite* kennen müssen; die Regierung erhält Statistiken über Sterberaten und Verbrechen; die Regierung erhält die Berichte der Präfekten, Polizeipräsidenten, Inspektoren und Abgeordneten; die Regierung erhält die Berichte der Gefängnisdirektoren. Die Regierung weiß alles: Wie viel Fleisch an einem Tag verbraucht und wie viel Wein in einem Jahr im ganzen Land getrunken wird; wie viele unglückselige Frauen – nennen wir sie mal so – es gibt und wie viele vorbestrafte Männer ihre Liebhaber sind; wie viele Bettler Platz in den Wohltätigkeitseinrichtungen finden und wie viele Vagabunden nachts auf der Straße schlafen; wie viele Habenichtse und wie viele Kaufleute es gibt; wie viel die Verbrauchssteuer einbringt, wie viel die Grundsteuer, je nachdem, wie viel im Monte di Pietà[4] verpfändet wird, und wie viel die *Lotterie* einnimmt. Diesen anderen Teil, diesen Bauch von Neapel, wenn die Regierung ihn nicht kennt, wer soll ihn dann kennen? Und wenn diese hohen und niederen Beamten Ihnen nicht alles erzählen, wozu sind sie und dieses immense bürokratische Geflecht, das uns so viel kostet, dann da? Und wenn Sie nicht die oberste Intelligenz des Landes sind, die alles kennt und alles voraussieht, warum sind Sie dann Minister?

Man hat Ihnen sicher eine, zwei oder drei Straßen der Armenviertel gezeigt und Sie werden entsetzt gewesen sein. Aber Sie haben nicht alles gesehen. Die Neapolitaner, die Sie dorthin gebracht haben, kennen selbst nicht *alle* dieser Viertel. Haben Sie die gesamte Via dei Mercanti besucht?

Sie ist gerade einmal vier Meter breit, sodass keine Kutschen passieren können; und sie ist verschlungen, windet sich wie ein Gedärm: Die hohen Häuser tauchen sie während der schönsten Tage in ein fahles und totes Licht. In der Mitte der Straße befindet sich ein stinkendes schwarzes Rinnsal, ein unbeweglicher Morast. Er besteht aus schmutzigem Seifenwasser und Lauge, aus Nudelwasser und Gemüsebrühe, eine übelriechende, faulende Mischung. In der Via dei Mercanti, eine der Hauptstraßen des Stadtteils Porto, gibt es alles: dunkle Läden, in denen Schatten herumhuschen und alles Erdenkliche verkaufen, Pfandleiher, Lotterie-Buden; hin und wieder eine kleine schwarze Tür, hin und wieder eine verschlammte Sackgasse, hin und wieder eine Bratstube, aus der der Mief von minderwertigem Olivenöl dringt, hin und wieder einen Wurstwarenhändler, in dessen Laden es nach verschimmeltem Käse und ranzigem Speck stinkt.

Von dieser Straße gehen viele weitere Gassen ab, die die Namen von Gewerken tragen: Zabatteria (Schuster), Coltellai (Messerschmiede), Spadari (Degenmacher), Taffettanari (Taftweber), Materassari (Polsterer) und so weiter. Diese Gassen – und das ist der einzige Unterschied – sind noch viel enger als die Via dei Mercanti, doch genauso dreckig und dunkel. Und jede stinkt auf ihre ganz eigene Weise: nach altem Leder, geschmolzenem Blei, Salpeter- oder Schwefelsäure.

Verschiedene Straßen führen von den Hügeln hinunter nach Porto. Sie sind besonders steil, eng und schlecht gepflastert. Die Via di Mezzocannone ist die Heimat der Färber. In jeder dunklen Werkstatt lodert ein Feuer unter einem großen schwarzen Kessel. Halbnackte Männer rühren darin eine dampfende Mischung zusammen. An der Tür trocknen rote und violette Lumpen. Bunte Farben tropfen unentwegt auf das grobe Pflaster. Eine andere Straße ist ebenfalls sehr eigen, die sogenannten *Gradelle di Santa Barbara*, die Treppen der heiligen Barbara: Dort haben auf beiden Seiten unglückselige Frauen ihr Zuhause gefunden und werfen tagsüber als elende Arbeitslose aus Müßiggang und tiefem Menschenhass Feigen- und Melonenschalen, Unrat und Getreidespreu aus den Fenstern auf die Passanten. Und alles bleibt auf diesen Stufen liegen, sodass reinliche Leute es nicht mehr wagen, dort entlangzugehen. Eine andere Straße führt hinter dem Pensionat von San Marcellino nach Portanova, dort endet die Via dei Mercanti und es beginnt die Lanzieri. Eigentlich ist das keine Straße, es ist eine Sackgasse, eine Art schwarzer Kanal, der unter zwei Bögen hindurchführt und in dem sich anscheinend der ganze Unrat eines afrikanischen Dorfes sammelt. Dort geht es an einem bestimmten Punkt nicht mehr weiter: Der Boden ist glitschig und es zieht sich einem der Magen zusammen.

Im Viertel Vicaria, sind Sie dort gewesen?

Von allen Straßen, die dort hindurchlaufen, ist nur eine sauber, nämlich die Via del Duomo. Alle anderen repräsentieren das alte, dunkle und stickige Neapel mit abgestützten Häusern, die vor Altersschwäche in sich zusammenfallen. Dort gibt es den Vicolo del Sole, so genannt, weil die Sonne niemals hineinfällt; dort gibt es auch den Vicolo del Settimo Cielo, die Gasse des Siebten Himmels, die so heißt, weil sich ein Streifen Himmel erst weit oben zwischen den hohen, alten Häusern zeigt. Um die Piazzetta dei Santi Apostoli erstrecken sich drei oder vier Gässchen: Grotta della Marra, Santa Maria a Vertecoeli, Vicolo della Campana. Dort leben dürre und blasse Menschen, verseucht von der ansässigen Tabakfabrik, verseucht vom eigenen Unrat. Und die gesamte Umgebung des Castel Capuano[5], also dieses große und historische Viertel Vicaria, scheint tatsächlich ihren eigentlichen Lebensraum darzustellen, besser gesagt, die materielle und moralische Fäulnis, aus der das extreme Ergebnis dieser armen und zwangsläufig korrupten Gesellschaft hervorgeht: das Gefängnis.

Das Viertel Mercato? Ach ja: das historische Viertel, wo Masaniello[6] den Volksaufstand angeführt hat, wo sie Herzog Konrad IV. von Schwaben den Kopf abgeschlagen haben; ja, ja, davon haben Dramaturgen und Dichter erzählt. Wenn man in der Kutsche vom Bahnhof kommt, durchquert man einen Zipfel davon und kommt direkt an der Marina heraus. Zum Teufel mit der Poesie und dem Drama! Im Viertel Mercato ist keine einzige Straße sauber. Es scheint, dass dort seit Jahren kein Straßenkehrer gewesen ist; dabei handelt es sich womöglich nur um den Schmutz eines Tages.

Dort befindet sich das große Lavinaio-Becken, in dem das alte und arme Neapel seine verdreckten Lumpen wäscht. Der Lavinaio ist eine breite Gasse, in der das Regenwasser den Schmutz oberflächlich fortspült. Will man einen Neapolitaner wegen seines neapolitanischen Wesens aufziehen, sagt man: *»Du kommst wirklich aus dem Lavinaio.«* Im Mercato-Viertel gibt es *sieben* Vicoli della *Duchesca*, in einem davon, so las ich in einer Nachricht, kam es innerhalb einer Stunde zu dreißig Cholerafällen; dort gibt es den *Vicolo del Cavalcatoio*; es gibt den *Vicolo di Sant'Arcangelo a Baiano*.

Ich bin eine Frau und ich kann Ihnen nicht sagen, was das für Straßen sind, denn dort ist die Niedertracht so hoch und so beklagenswert, die menschliche Natur so derart verkommen, dass einem die Schamesröte ins Gesicht steigt.

Neapel ausweiden? Glauben Sie wirklich, das wird reichen? Geben Sie sich wirklich der Illusion hin, dass der Abriss und Neubau von drei, vier Straßen in den Armenvierteln genügt, um die Stadt zu retten? Sie werden schon sehen, wenn die Studien zu diesem heiligen Erlösungswerk abgeschlossen sind, was für eine glänzende Wahrheit dabei herauskommt: *Man muss es noch einmal machen.*

Sie können doch nicht die Häuser stehen lassen, die von Feuchtigkeit zerfressen sind, wo man im Erdgeschoss im Schlamm lebt und im obersten Stockwerk im Sommer verglüht und im Winter erfriert; wo die Treppenhäuser Mülleimer sind; wo in den Brunnen, aus denen man so mühselig Wasser schöpft, alle menschlichen Ausscheidungen und alle toten Tiere landen; und die alle ein *Pot-Bouille*[7], eine so genannte *vinella*, einen kleinen Innenhof haben, in den die Dienstmädchen alles hineinwerfen; wo das Latrinen-System, wenn es denn eines gibt, jeglicher Desinfizierung widersteht.

Sie können auch nicht die Häuser stehen lassen, in deren winzigen Zimmern sich nie weniger als vier Personen drängen; in denen Hühner und Tauben leben, ausgemergelte Katzen und räudige Hunde; Häuser, in denen man in einem Kabuff kocht, im Schlafzimmer isst und im selben Raum stirbt, wo auch die anderen schlafen und essen; Häuser, deren Keller – in denen ebenfalls Menschen leben – den alten, heute abgeschafften unterirdischen *Strafgefängnissen* von Vicara gleichen.

Sie können doch nicht die Überführungen stehen lassen, die die Häuser verbinden; auch nicht diese schäbigen Holzkonstruktionen, die aus manchen Hauswänden herausragen, oder die schmalen Türchen, die Sackgassen oder diese Durchgänge. Sie dürfen diese *Fondachi*[8] nicht stehen lassen.

Sie können auch die Häuser nicht stehen lassen, in denen im ersten Stock ein Pfandleiher sitzt, im zweiten Zimmer an Studenten vermietet und im dritten Feuerwerkskörper hergestellt werden. Oder andere, in denen es im Erdgeschoss ein Billardlokal gibt, im ersten Stock ein Hotel, das Zimmer für drei Soldi die Nacht bietet, wo im zweiten eine Schar armer Frauen wohnt und im dritten ein Lumpenlager untergebracht ist.

Um die materielle und moralische Korruption auszumerzen, um die Gesundheit und das Gewissen der armen Leute wiederherzustellen, um ihnen beizubringen, wie man lebt – sie wissen, wie man stirbt, wie Sie gesehen haben! –, um ihnen zu sagen, dass sie unsere Brüder und Schwestern sind, dass wir sie wirklich lieben, dass wir sie retten wollen, dafür reicht es nicht, Neapel auszuweiden: Dafür muss man fast alles neu machen.

Was sie verdienen

Und dennoch sind die Menschen, die in diesen vier Elendsvierteln ohne Luft, ohne Licht und ohne Hygiene leben, die in diesen schwarzen Rinnsalen planschen und über Müllberge steigen, die üble Ausdünstungen einatmen und dreckiges Wasser trinken, keine grausamen, wilden oder faulen Leute. Sie sind nicht dumpf im Glauben, nicht düster im Laster, nicht cholerisch im Unglück. Dieses Volk liebt aus seiner natürlichen Freundlichkeit heraus weiße Häuser und die Hügel. An Allerheiligen, wenn alle braven Leute aus Neapel mit Kränzen für ihre Toten nach Poggioreale[9] ziehen, zum Friedhof mit seinen Blumen, Vögeln, Düften und all dem Marmor, so rufen manche leise: *»O Jesus, ich möchte sterben, um hierzubleiben!«*

Dieses Volk liebt fröhliche Farben, schmückt die Pferde der Karren mit Troddeln und Quasten, an Feiertagen trägt es bunte Federbüsche und bindet sich rote Tücher um den Hals, es legt eine Tomate auf einen Sack Mehl, um ihn malerischer aussehen zu lassen. Und es hat ein Kunstwerk aus glänzendem Messing, bemaltem Holz, duftenden Zitronen, Gläsern und Flaschen geschaffen, ein kleines Kunstwerk, das eine Augenweide ist: *den Stand des Wasserverkäufers.*

Dieses Volk liebt Musik. Es musiziert und singt so inbrünstig und melancholisch, dass seine Lieder einem das Herz zerreißen und eine unüberwindliche Sehnsucht in denjenigen auslösen, die weit weg sind. Seine offenherzige Sentimentalität zeigt sich in musikalischer Harmonie.

Diese Menschen sind also keine Tiere, die sich gern im Schlamm suhlen. Sie sind keine minderwertige Rasse, die das Schreckliche unter dem Hässlichen hervorzieht und gern im Dreck lebt. Sie verdienen das Schicksal nicht, das die Umstände ihnen auferlegen. Sie wissen die Zivilisation zu schätzen, denn das Bisschen, das ihnen davon geschenkt wurde, haben sie sofort verinnerlicht. Sie verdienen es, glücklich zu sein.

Sie wohnen gezwungenermaßen dort.

Ihr konstitutionelles, organisches Elend ist so hart, so tief, dass hundert Wohltätigkeitseinrichtungen es nicht ausrotten, dass unzählige private Wohltäter es nicht besiegen können. Es ist, wohlgemerkt, nicht das Elend von Müßiggängern, sondern das Elend der Werktätigen, der Arbeiter, derjenigen, die vierzehn Stunden am Tag schuften.

Diese Werktätigen, diese Arbeiter können keine Miete für ihre Wohnung zahlen, die fünfzehn Lire[10] im Monat übersteigt. Manche Arbeiter sind glücklich dran, sie zahlen zehn, manche sieben, andere *fünf*. Letztere stellen die große Masse des Volkes dar. Vor Jahren erbaute eine Wohnungsbaugenossenschaft bei Capodimonte eine Mietskaserne mit hellen, sauberen, kleinen, aber hygienischen Arbeiterwohnungen. So sehr sie die Ausgaben auch reduzierte, sie musste ihre winzigen Wohnungen für vierunddreißig Lire im Monat vermieten.

Kein Arbeiter zog dort ein.

Es kamen Angestellte mit ihren Familien, einige Pensionäre, arme Jungvermählte, also die Kleinbürger, die ihr Elend verstecken wollen und sich eine Marmortreppe wünschen.

Dieses riesige Gebäude steht dort als Beweis für das neapolitanische Elend. Besser gesagt, die peniblen und bürgerlichen Bewohner haben, nachdem sie beschuldigt wurden, Arbeiterwohnungen zu besetzen, tief in ihrer Ehre gekränkt, folgenden Schriftzug in großen Lettern über den Haupteingang schreiben lassen: *Die Wohnungen der Genossenschaft sind keine Arbeiterwohnungen.* Grausame und hochmütige Inschrift.

Vierunddreißig Lire? Diese vierunddreißig Lire verdient ein neapolitanischer Arbeiter in einem Monat. Wer eine Lira am Tag nach Hause bringt, schätzt sich glücklich.

In fast allen Berufen, in allen Gewerken ist der Lohn gering. Neapel ist der Ort, an dem die Druckkosten am niedrigsten sind. Das wissen alle. Die Drucker bekommen nur ein Drittel der Löhne, die in anderen Städten gezahlt werden. In Mailand verdienen Drucker fünf Lire, vier die in Rom, in Neapel bekommen sie zwei, mit der Folge, dass an diesem gelobten und unglückseligen Ort ständig neue armselige Zeitungen herauskommen, die anderswo nicht einmal drei Ausgaben erleben würden. Die Schneider, die Schuhmacher, die Maurer, die Zimmerleute werden ähnlich bezahlt: eine Lira, fünfundzwanzig Soldi, höchstens dreißig Soldi am Tag, für zwölf Stunden oftmals anstrengender Arbeit. Die Zuschneider von Handschuhen bekommen neunzig Centesimi am Tag. Achten Sie einmal auf die elegante Jugend Neapels: Sie ist die bestgekleidete von ganz Italien. In Neapel werden die schönsten Schuhe und die schönsten Möbel günstig hergestellt. Bedenken Sie, dass man in Neapel die besten Handschuhe schneidert. Niedere Gewerke setzen den Lohn bei fünfundsiebzig Centesimi an, bei zwölf Soldi, bei zehn Soldi. Daher können diese Arbeiter nicht mehr als fünf, sieben oder zehn Lire im Monat an Miete zahlen – und da das Elend droht, suchen Frauen, Ehefrauen, Mütter, alle, die bereits häufig entbunden und gestillt haben, alle, die zu Hause arbeiten müssten, draußen nach Anstellung.

Glücklich die Frauen, die eine Stellung in der Tabakfabrik bekommen, die wissen, wie man arbeitet, und es schaffen, als Schneiderinnen, Hutmacherinnen oder Blumenfrauen unterzukommen! Der Lohn ist elendig, fünfzehn Lire, siebzehn Lire, zwanzig Lire im Monat; und doch halten sie es für ein Glück. Aber sie sind wenige. Alle anderen aus der großen Schicht der armen Frauen bleiben zu Hause.

Das neapolitanische Dienstmädchen verdingt sich für zehn Lire im Monat, ohne Kost. Morgens läuft sie zwei oder drei Meilen[11] zu Fuß, von ihrem Haus zum Haus ihrer Herrschaft, steigt vierzig Mal am Tag die Treppen hinauf und hinunter, holt aus dem tiefen Brunnen zwanzig Eimer Wasser, erledigt die anstrengendsten Arbeiten, isst den ganzen Tag nichts und schleppt sich am Abend nach Hause, wie ein erschöpfter Schatten. Es gibt jene, die zwei halbe Stellen haben, für jeweils sechs Lire, und ständig zwischen dem einen Haus und dem anderen hin- und herrennen und ständig für ihre Verspätungen getadelt werden. Ich habe eine solche Frau kennengelernt, sie hieß Annarella und arbeitete täglich in *drei* Häusern, für jeweils fünf Lire. Abends war sie wie benommen, *sie hatte nichts gegessen*, war zu Tode erschöpft, manchmal zog sie sich nicht einmal aus, sondern schlief sofort ein.

Diese Dienstmädchen finden noch die Zeit, ein Kind zu nähren oder Strümpfe zu stricken. Doch sie sind monströse Wesen, sie rufen Mitgefühl und Abscheu gleichermaßen hervor. Sie sind dreißig Jahre alt, sehen aber aus wie fünfzig; sie sind krumm, haben schütteres Haar und verfaulte Zähne. Sie gehen wie Lahme, tragen dasselbe Kleid vier Jahre lang, dieselbe Schürze sechs Monate.

Sie jammern nicht, sie weinen nicht. Noch bevor sie vierzig werden, sterben sie im Krankenhaus an Malaria, Lungenentzündung oder einer anderen schrecklichen Krankheit. Wie viele sind wohl an der Cholera gestorben!

Und dann all die anderen weiblichen Wanderberufe als Wäscherinnen, Friseurinnen, Plätterinnen im Tagelohn, als Verkäuferinnen von *spassatiempo*[12] oder Stuhlflechterinnen. Arbeiten, bei denen sie der Witterung, Unfällen und Krankheiten ausgesetzt sind; schwere oder ekelerregende Arbeiten, für die sie nicht mehr als jene elendigen zehn, fünfzehn Soldi am Tag bekommen. Wenn sie eine Lira verdienen, sparen sie und heiraten.

Diese Frauen sind hässlich, das stimmt. Sie lassen sich gehen, auch das stimmt. Manchmal sind sie sogar abstoßend. Doch wer die Bildhauerei so sehr liebt, sollte sich das Geheimnis dieser Existenzen vergegenwärtigen, die einem Epos über das tägliche Martyrium, die unermesslichen Opfer und die klaglos ertragenen Mühen gleichen. Jugend, Schönheit, Kleider? Sie hatten eine Minute voller Schönheit und Jugend, sie wurden geliebt, sie haben geheiratet. Danach kamen Ehemann und Elend, Plackerei und Prügel, Hunger und Qualen. Sie haben Kinder und müssen sie zurücklassen, das Kleinste wird der großen Schwester anvertraut, und wie alle anderen Mütter fürchten auch sie Kutschen, Hunde, Feuer oder dass die Kindern stürzen. Sie sind ständig unruhig und nervös, während sie ihren Dienst verrichten.

Ich erinnere mich an eine Frau: Sie hatte drei Kinder, darunter ein kleines, besonders hübsches. Der Junge war zwei Jahre alt und sie stillte ihn noch, sie hatte für ihn nichts anders zu essen. Der Junge saß jeden Abend auf der Treppe ihres Basso[13] und wartete auf sie. Der Arzt der städtischen Sozialhilfe sagte: »Entwöhne ihn von der Milch, sonst wird er krank.« Sie senkte den Kopf; sie konnte ihm die Milch nicht nehmen. Der Junge bekam Typhus und starb. Die Frau schälte in einer Küche Kartoffeln und jammerte leise: *»Mein Sohn, mein Sohn, ich habe dich umgebracht, ich habe dich sterben lassen! O, was war ich nur für eine*

Rabenmutter! Mein Sohn, und wer wartet jetzt abends auf mich an der Tür?«

Kinderarbeit? Ach, die Mütter sind sehr glücklich, wenn ein herrschaftlicher Kutscher einen Zwölfjährigen als Gehilfen nehmen will und ihn lediglich mit einer Mahlzeit entlohnt. Sie sind überglücklich, wenn der Meister einer Werkstatt den Sohn nimmt und ihn wie einen Hund schuften lässt, für eine Suppe am Abend. Die bedauernswerte Mutter gibt ihm morgens einen Soldo für das Frühstück.

Schneiderinnen, Hutmacherinnen, Blumenfrauen und Korsettnäherinnen nehmen als Lehrlinge zwölfjährige Mädchen, die in Wirklichkeit kleine Sklavinnen sind und fünf Soldi die Woche bekommen. Aber die meisten Kinder verbringen den ganzen Tag zu Hause oder auf der Straße.

Auf dem Land ist jedes Kind eine Freude, es ist eine Hilfe und eine Quelle des Wohlstands. In Neapel hingegen stellt es eine Sorge mehr dar, ein mütterliches Leid, einen Quell der Tränen und des Hungers.

Hören Sie ein wenig zu, wenn eine neapolitanische Arbeiterin von ihren Kindern erzählt. Sie nennt sie *die Geschöpfe*, und sie sagt es mit solch melancholischer Sanftheit, mit solch mütterlichem Mitgefühl, mit solch schmerzlicher Liebe, dass Sie fast glauben, das gesamte Ausmaß des neapolitanischen Elends genau zu kennen.

Was sie essen

Eines Tages hatte ein neapolitanischer Unternehmer eine Idee. Er wusste, dass die *Pizza* eine der neapolitanischen Küchenvorlieben ist, er wusste, dass die neapolitanische Gemeinde in Rom riesig ist, daher gedachte er, eine Pizzeria in Rom zu eröffnen. Das Kupfer der Töpfe und der runden Bleche glänzte, der Ofen brannte rund um die Uhr; alle Arten von Pizza gab es dort: Pizza mit Tomaten, Pizza mit Mozzarella und Käse, Pizza mit Sardellen und Öl, Pizza mit Öl, Oregano und Knoblauch. Anfangs strömten sie in Scharen herbei, doch dann flaute das Interesse ab. Die Pizza, herausgerissen aus ihrem neapolitanischen Umfeld, erschien wie ein Missklang und wirkte wie eine Magenverstimmung. In Rom verblasste ihr Stern und ging unter. Die exotische Pflanze verkümmerte durch diese römische Weihe.

Tatsache ist: Die Pizza gehört zu der großen Gruppe von Speisen, die einen Soldo kosten und die für viele Neapolitaner das Frühstück oder das Mittagessen bilden.

Der *pizzaiuolo*, der Pizzabäcker, stellt in der Nacht in seiner Backstube eine große Menge dieser runden Teigfladen her, aus einem festen Teig, den man nicht bäckt, sondern verbrennt, belegt mit fast rohen Tomaten, Knoblauch, Pfeffer und Oregano. Diese Pizzen werden, in Stücken zu einem Soldo, einem Jungen anvertraut, der sie an irgendeiner Straßenecke an einem improvisierten Stand verkauft. Den ganzen Tag verbringt er dort mit den Pizzastücken, die in der Kälte gefrieren, in der Sonne vertrocknen und von den Fliegen gefressen werden. Für die Schulkinder gibt es Stücke zu zwei Centesimi. Ist der Vorrat verkauft, stockt der *pizzaiuolo* ihn wieder auf, bis spät in die Nacht.

Es gibt zudem Laufburschen, die am Abend verbogene Zinnbleche mit Pizzastücken auf dem Kopf balancieren, rufend durch die Gassen laufen und Pizza mit Tomate und Knoblauch, mit Mozzarella und gesalzenen Sardellen anbieten. Die armen Frauen, die auf den Stufen vor ihrem Basso sitzen, kaufen sie und essen die Ein-Soldo-Pizza zu Mittag oder Abend.

Für einen Soldo gibt es eine ziemlich große Auswahl für das Mittagessen des neapolitanischen Volks. Beim Frittürenverkäufer bekommt man dafür ein Papiertütchen mit kleinen Fischen, die *fragaglia* heißen und das Hauptgeschäft der Fischverkäufer sind. Man bekommt für einen Soldo auch vier oder fünf *panzarotti*, also kleine Krapfen, in denen ein Stückchen Artischocke steckt, wenn Artischocken übriggeblieben sind, oder ein kleiner Schnitz vom Kohlstrunk oder ein Stückchen Sardelle. Für einen Soldo verkauft eine alte Frau neun gekochte Kastanien, von denen grob die äußere Schale entfernt wurde und die in einer rotbraunen Soße schwimmen. In diese Brühe tunkt das neapolitanische Volk sein Brot und isst die Kastanien als Hauptgericht. Für einen Soldo verkauft eine andere Alte, die auf einem Karren einen kleinen Kessel hinter sich herzieht, zwei Stücke gekochten Maiskolben. Von einem Wirt bekommt man für einen Soldo eine Portion *scapece*. Die Scapece besteht aus in Öl frittierten Zucchetti oder Auberginen, die mit Essig, Pfeffer, Oregano, Käse und Tomaten angemacht sind. Sie wird auf der Straße in einem tiefen Gefäß angeboten, in das sie wie in eine Konserve gestopft ist und mit einem Löffel herausgeschnitten wird. Das neapolitanische Volk bringt sein eigenes Brot mit, bricht es durch und der Wirt verteilt die Scapece darauf. Bei ihm kauft man für einen Soldo auch die *spiritosa*: Die Spiritosa besteht aus gelben Pastinakenscheiben, die in Wasser gekocht und danach in einer scharfen Soße aus Essig, Pfeffer, Oregano, Knoblauch und Peperoni eingelegt werden. Der Wirt steht an der Tür und ruft: »*Addorosa, addorosa, ´a spiritosa!*«[14] Selbstverständlich sind all diese Speisen sehr scharf gewürzt, damit auch der trägste Mittelmeergaumen zufriedengestellt wird.

Sobald das neapolitanische Volk zwei Soldi zur Verfügung hat, kauft es sich einen Teller gekochte Maccheroni mit Soße. In jeder Straße der Armenviertel gibt es eine Garküche. Unter freiem Himmel stellt jemand einen Kessel auf, in dem ununterbrochen Maccheroni kochen, dazu eine Pfanne mit Tomatensoße, daneben Berge von geriebenem Käse, einem pikanten Käse aus Crotone. Dieses ganze Gebilde ist sehr pittoresk und viele Maler haben es als Motiv gewählt, es reinlich und fast elegant dargestellt, mit dem Wirt, der wie ein Hirte von Watteau erscheint. Und in der Sammlung neapolitanischer Fotografien, die die

Engländer so gern kaufen, gibt es neben der *Nonne des Hauses*, dem *Taschentuchdieb* oder der *Verlausten Familie* auch den *Stand des Maccheroniverkäufers*. Die Maccheroni werden auf Tellern zu zwei oder drei Soldi verkauft. Und das neapolitanische Volk nennt sie daher kurz nach ihrem Preis: *zu zwei* und *zu drei*. Die Portionen sind klein und der Käufer streitet mit dem Wirt, denn er will ein bisschen mehr Soße, ein bisschen mehr Käse und ein bisschen mehr Nudeln.

Für zwei Soldi kann man ein Stück Tintenfisch kaufen, in Meerwasser gekocht und mit sehr scharfer Paprika gewürzt. Diesen Handel betreiben die Frauen auf der Straße mithilfe einer kleinen Feuerstelle und einem Tiegel; für zwei Soldi bekommt man *maruzze*, Schnecken, und eine Brühe mit etwas Zwieback darin; für zwei Soldi schöpft der Straßenhändler mit einem großen Löffel aus einer riesigen Pfanne, in der Schweineschwarte und Innereien kunterbunt zusammen mit Zwiebeln und Tintenfischstücken braten, etwas von dieser Mischung heraus und füllt sie auf das Brot des Käufers, wobei er genau darauf achtet, dass das heiße, braune Fett nicht auf die Erde tropft, sondern vom Brot aufgesaugt wird, denn daran ist dem Käufer gelegen.

Sobald das brave neapolitanische Volk, verzehrt vor Sehnsucht nach der Familie, drei Soldi zur Verfügung hat, kauft es nichts Gegartes mehr beim Straßenhändler, sondern isst am Mittag zu Hause, auf dem Fußboden, auf der Schwelle des Basso oder auf einem durchgesessenen Stuhl.

Mit vier Soldi bereitet es sich einen großen Salat aus grünen Tomaten und Zwiebeln oder aus gekochten Kartoffeln und Roter Beete, einen Salat aus Stängelkohl oder einen aus frischen Gurken.

Die wohlhabenden Leute, die acht Soldi am Tag ausgeben können, essen große Portionen grüner Suppe, Endivien-, Kohl- oder Zichoriensuppe, oder alles zusammen als Eintopf, die sogenannte *minestra maritata*. Oder sie essen, je nach Saison, eine gelbe Kürbissuppe mit viel Pfeffer, eine grüne Bohnensuppe mit Tomaten oder eine Suppe aus Kartoffeln, die mit Tomaten gekocht wurden.

Aber meistens kaufen sie ein *rotolo*[15] Maccheroni, dunkle Nudeln, in allen möglichen Längen und Dicken, jene zusammengewürfelten Reste aus allen Pastakartons, die passenderweise *monnezzaglia* genannt werden, das Gemisch. Diese essen sie mit Tomaten und Käse.

Das neapolitanische Volk liebt Obst. Aber es gibt nie mehr als einen Soldo auf einmal dafür aus. In Neapel bekommt man für einen Soldo sechs Birnen, ein bisschen verdorben, aber das stört niemanden; ein halbes Kilo Feigen, die in der Sonne leicht verschrumpelt sind; zehn oder zwölf kleine gelbe Pflaumen, die aussehen, als hätten sie Fieber; ein Büschel roter Weintrauben, eine kleine gelbe Zuckermelone, leicht zerdrückt und etwas angefault. Beim Melonenhändler bekommt man zwei Scheiben roter Wassermelone, die jedoch noch nicht reif, besser gesagt noch weiß ist.

Das neapolitanische Volk mag zudem eine weitere Nascherei: den Spassatiempo, das heißt die Kerne von Wasser- oder Zuckermelonen oder die im Ofen gerösteten Bohnen oder Kichererbsen. Für einen Soldo kaut man einen halben Tag, die Zunge schmerzt und der Magen bläht sich, als hätte man gegessen.

Der höchste Genuss allerdings ist der *soffritto*: in Öl gebratene Schweinefleischstücke, mit Tomaten und roter Paprika so eingedickt, dass sie eine feste rote Masse ergeben, die wunderschön aussieht. Davon werden dann Scheiben abgeschnitten. Eine kostet fünf Soldi. Im Mund scheint sie zu explodieren.

Fragenkatalog:

Rinderbraten? — Isst das neapolitanische Volk nie.
Schmorfleisch? — Manchmal, am Sonntag oder bei großen Festen – aber es ist vom Schwein oder Lamm.
Fleischbrühe? — Kennt das neapolitanische Volk nicht.
Wein? — Am Sonntag, hin und wieder. *Asprino*[16] zu vier Soldi der Liter oder *Maraniello*[17] zu fünf Soldi. Der färbt das Tischtuch blau.
Wasser! — Immer, aber schlechtes.

Die kleinen Altäre

Sie wundern sich über die kleinen Straßenaltäre? Sie regen sich über die kleine Prozession von barfüßigen und zerzausten Frauen auf, die ein Bild der Madonna herumtragen und psalmodieren? Der Aberglaube des neapolitanischen Volks – o, die armen Leute, die so schlecht leben und so gutmütig sind, die voller Ergebenheit so elendig sterben! – der Aberglaube dieses Volks hat alle auf schmerzliche Weise beeindruckt. Sie meinen, der Aberglaube wäre überwunden? Wie kommen Sie darauf? Erinnern Sie sich denn nicht mehr? Während der Cholera im Jahr 1865 gab es Prozessionen und öffentliche Gebete. Bei der Cholera des Jahres 1867, die noch schrecklicher, noch verheerender war und gleich nach dem Krieg ausbrach, wurden aus allen Pfarrgemeinden die Bildnisse der Schutzheiligen und Madonnen herausgetragen, die Prozessionen trafen sich auf den Straßen und vereinten sich. Das Ganze war ein mittelalterliches und südländisches Mysterium. So wie Umberto I. von Savoyen[18] heute auf sie getroffen ist, so hat sie vor siebzehn Jahren der große König Viktor Emmanuel II.[19] erlebt. Beim schrecklichen Vulkanausbruch im Jahr 1872 hat die Lava Neapel drei Tage lang bedroht. Die Leute sind in den Dom gelaufen, um den Kopf von San Gennaro[20] zu holen. Sie wollten ihn herumtragen, um die Lava aufzuhalten.

Die noblen Hüter der Reliquie und die Domherren der Kathedrale haben ihn nicht herausgegeben. Am vierten Tag kam die Sonne nicht hervor; eine dichte Aschewolke hing über Neapel, es begann Asche zu regnen wie in Pompeji. In allen Stadtvierteln veranstalteten die Leute Prozessionen, sie weinten und schrien in der grausigen Finsternis. Während der Cholera von 1873, die sicherlich milder verlief, aber immer noch viele Opfer forderte, wurden in den vier Armenvierteln die Hilfreiche Madonna an den Banchi Nuovi, die Madonna di Portosalvo aus dem Stadtteil Porto und der Jesus an der Säule aus der Kirche im Vicolo dell'Università in einer Prozession umhergetragen. O, was haben wir alle bloß für ein schlechtes Gedächtnis!

Und im Alltag? Allein, wenn man sich umsieht, wenn man das Leben auch nur oberflächlich beobachtet, kann niemand sich vormachen, dass die religiösen Ausschweifungen des neapolitanischen Volks nachgelassen hätten. Die kleinen Altäre mit ihren Kerzen davor gibt es in den Armenvierteln bei bestimmten Festen an jeder Straßenecke. Es stimmt, sie werden von den Kindern aufgestellt. Aber die Mütter überwachen sie, die großen Schwestern bitten die Passanten um einen Obolus, halb lachend, halb bettelnd. An den größeren Festen, mit Laternen im Stil von Ottino[21] und bunten Girlanden, leisten die kleinen Leute ihren Beitrag für ein ganzes Jahr und jede Gasse will die andere übertrumpfen. So kommt es zu Prügeleien und Messerstechereien in diesem Wettkampf. Die Lichtquellen sind pittoresk und verzücken die Künstler – eine Bande von Egoisten, ganz in die Anbetung ihres Buddhas versunken, der die Kunst ist. Doch es geht weiter: Wird eine Frau von einem großen Leiden geheilt, löst sie, um Gott zu danken, ihr Gelübde ein, nämlich, dass sie in allen Häusern ihres Viertel um Almosen bitten würde. Auf wackligen Beinen und mit blassem Gesicht läuft sie die Treppen hinauf und hinunter, wird abgewiesen und Türen werden ihr vor der Nase zugeschlagen. Doch das macht nichts, das muss sie ertragen, so will es das Gelübde. Alles, was sie einsammelt, geht an die Kirche. Ist ein Kind krank, weihen sie es dem heiligen Franziskus. Wird es gesund, verkleiden sie es mit einer grobgewebten Kutte mit Kordel, Sandalen an den nackten Füßen und einer rasierten Tonsur als Mönch. Wer ist diesen kleinen Gestalten in den Armenvierteln nicht schon begegnet?

Über das Wunder von San Gennaro staunen Sie ganz besonders? Die alten Einwohnerinnen von Molo, die sich für seine Nachkommen halten, belagern den Hochaltar, lassen niemanden an ihn heran und kreischen das *Credo*, während alle auf das Wunder warten. Und jedes Mal, wenn sie wieder einsetzen, werden sie lauter, bis sie schließlich in Geschrei ausbrechen. Sie benehmen sich wie Besessene, die dem Heiligen solche Titel wie *boshafter Alter, unverschämter Alter* oder *Verräter* verleihen. Das verwundert Sie? Es gibt den Fuß der heiligen Anna, den man auf den Bauch einer Gebärenden stellt, deren Kind nicht kommen will. Das Öl, das in der Lampe vor dem Leichnam des heiligen Giacomo della Marca[22] in der Kirche von Santa Maria la Nuova brennt, heilt Kopfschmerzen. Die Wunden des Gekreuzigten in Santa Maria del Carmine haben geblutet. In der unterirdischen Kirche Sant'Aspreno in der Via Mercanti verehrt man den Bischofsstab des heiligen Petrus, dem ersten Bischof von Neapel. Das Weihwasser des heiligen Blasius in der Kirche San Biagio Maggiore kuriert Halsschmerzen. Es gibt die *panelle*, kleine Brötchen, gesegnet vom heiligen Nikolaus von Bari[23], die vor Blitzen schützen, wirft man sie bei Gewitter in die Luft. Hunderte Knöchelchen, Schleier- und Stofffetzen sowie Holzsplitter dienen als Reliquien. Jede Neapolitanerin trägt ein Säckchen mit Reliquien und aufgedruckten Gebeten um den Hals oder am Gürtel oder hat es unter dem Kopfkissen. So ein Säckchen bindet man an die Windel eines Neugeborenen.

Glauben Sie, den Neapolitanern reicht die Madonna del Carmine? Ich habe zweihundertfünfzig Namen für die Jungfrau gezählt, und das sind nicht einmal alle. Vier oder fünf werden am häufigsten benutzt. Wird eine Neapolitanerin krank oder ist in großer Gefahr, legt eine der ihren bei einer dieser Madonnen ein Gelübde ab. Später erfüllt sie das Versprechen und trägt ein neues, in der Kirche gesegnetes Kleid, so lange, bis es fadenscheinig ist. Für die Schmerzensmutter ist das Kleid schwarz mit weißen Bändern; für die Madonna del Carmine ist es rotbraun mit weißen Bändern; für die Unbefleckte Empfängnis weiß mit blauen Bändern; für die Madonna della Saletta weiß mit rosa Bändern. Haben die Frauen kein Geld, um sich ein Kleid nähen zu lassen, dann lassen sie sich eine Schürze machen. Versäumt man, das Gelübde einzulösen, bringt es Unglück ins Haus.

Und das Heilige vermischt sich mit dem Profanen. Um einen Ehemann zu finden, muss man am Johannistag die Novenen beten, neun Abende lang, jeweils um Mitternacht auf einem Balkon, und man muss sie auf eine bestimmte Art und Weise aufsagen. Wenn man den Mut dazu aufbringt, sieht man am neunten Abend einen Feuerstrahl am Himmel, auf dem Salome erscheint, die verfluchte Tänzerin. Die Stimme, die man gleich danach hört, spricht den Namen des Gatten aus. San Pasquale ist ebenfalls der Schutzheilige der heiratsfähigen Mädchen und man muss ihn neun Abende lang anrufen: »O seliger San Pasquale, schick mir einen Ehemann, schön, rosig, braun, so wie du willst, ganz gleich, o seliger San Pasquale!« Auch San Pantaleone schützt die Mädchen, aber auf eine andere Weise. Er verrät ihnen die Lottozahlen, damit sie eine Mitgift bekommen und heiraten können. Neun Abende lang muss man zu ihm beten, um Mitternacht, allein in einem Raum stehend bei offener Balkon- und Zimmertür, und ihn nach *Ave* und *Vaterunser* folgendermaßen anrufen: »San Pantalone – bei deiner Reinheit – bei meiner Jungfräulichkeit – gib mir bitte die Zahlen!« Am neunten Abend hört man einen Schritt. Der Heilige kommt. Man hört Schläge, das sind die Zahlen, die er verkündet. Am vierten oder fünften Abend dieser seltsamen Rituale sind die Mädchen sehr erschöpft, haben Halluzinationen und stürzen in Ektase zu Boden.

Einige behaupten, dass sie am neunten Abend etwas gesehen oder gehört haben, doch ihnen fehlte der Glaube und das Wunder blieb aus.

Jeglicher Aberglaube der Welt ist in Neapel vertreten, wird übertrieben und aufgebauscht. Wir alle glauben an die *jettatura*, das Unglück. Ich meine hier aber nicht das verschüttete Öl, den zerbrochenen Spiegel, den Löffel, der quer über dem Messer liegt, den verkehrtherum aufgehängten Unterrock, der Unheil bringt, die verbeulten Geldstücke, die *gobbi*[24], die Spinnen, die Skorpione, die Henne. Alter Aberglaube, wer schert sich noch darum? Neapolitaner glauben noch an die Sibyllen. Es gibt eine *Chiara Stella* an den Cento Grade in Richtung Corso Vittorio Emmanuele, es gibt eine *siè Grazia* im Vicolo Mezzocannone, beide sehr berühmt. Und noch jede Menge unbedeutendere. Man entschädigt sie mit fünfzig Centesimi, zwei Lire, fünf Lire. Neapolitaner glauben an Geister. In allen Häusern spukt der Familiengeist, der *monaciello*, ein weiß gekleidetes Kind, das Glück bringt; ist es rot gekleidet, bringt es Unglück. Unzählige Leute haben mir versichert, es gesehen zu haben. Mitten in Neapel, bei der Salita di Santa Teresa, lässt sich ein wunderschönes Haus nicht vermieten. Seit zwanzig Jahren ist es verschlossen, weil es von Geistern bewohnt wird. Neapolitaner glauben an Geister, die die Lottozahlen verraten, sie glauben an die so genannten *assistiti*: Die Assistiti sind seltsame Leute, manche vertrauenswürdig, manche Schmarotzer, die wenig essen, Wasser trinken, in Rätseln sprechen; sie fasten vor dem

Schlafengehen und haben Visionen. Sie leben auf Kosten der Spieler, aber sie selbst spielen nie. Manchmal schlagen enttäuschte Spieler den Assistito, danach bitten sie ihn um Verzeihung. Auch die Mönche haben Visionen. Es gab einen berühmten Mönch in Marano, in der Nähe von Neapel. Die Leute pilgerten zu ihm. Ein anderer junger Mönch lebte im Kloster von San Martino. Er war ebenfalls berühmt. Manchmal entführen Spieler diese Mönche, schlagen und quälen sie. Einer ist daran gestorben. Bevor er starb, hat er Zahlen genannt. Die Leute setzten auf sie, diese Zahlen wurden wirklich gezogen und halb Neapel gewann im Lotto, weil eine Zeitung sie zuvor abgedruckt hatte.

Das neapolitanische Volk, vor allem das weibliche, glaubt an Hexerei. Die Hexerei hat glühende Anhänger. Die Zahl der *fattucchiare*, der Hexen, nimmt zu. Eine Frau will, dass ihr Ehemann, der in die Ferne muss, ihr treu bleibt? Die Hexe gibt ihr eine Kordel mit Knoten, die Frau muss sie in das Futter der Jacke ihres Ehemanns einnähen. Eine Frau wünscht sich die Liebe eines Mannes? Die Fattucchiara verbrennt eine Haarsträhne der Bittenden und macht daraus mit bestimmten Zutaten ein Pülverchen. Dieses muss die Frau dem gleichgültigen Mann in Wein gemischt zu trinken geben. Man will einen Prozess gewinnen? Dafür muss man die Zunge des gegnerischen Anwalts – moralisch – festbinden. Man schlägt fünfzehn Knoten in eine Kordel und ruft den Teufel, eine schreckliche Beschwörung. Eine Frau will einen untreuen Geliebten sterben lassen? Dafür muss sie einen kleinen Topf voller giftiger Kräuter sammeln und sie um Mitternacht vor seiner Tür zum Kochen bringen. Eine Rivalin soll sterben? Dann muss die Frau viele Nadeln so in eine frische Zitrone stecken, dass sie das Abbild der Rivalin formen, sie muss einen Fetzen eines Kleides der Rivalin daran heften und die Zitrone schließlich in ihren Brunnen werfen. Die Hexerei ist weit verbreitet. Ein seltsames, manchmal niederträchtiges Geschwafel aus Beschwörungen und Gebeten. Sie unterscheidet die schüchternen Seelen von den kühnen. Die Hexerei ist in allen Vierteln anzutreffen. Sie hilft bei allen sentimentalen und brutalen Bedürfnissen, bei allen freundlichen und blutigen Wünschen.

Das ist alles. Besser gesagt, es ist nicht alles. Multiplizieren Sie das, was ich Ihnen erzählt habe, mit zwanzig. Vermutlich kommen Sie auch damit der Wahrheit nicht nahe. Dieses Durcheinander aus Glauben und Irrtümern, aus Mystizismus und Sinnlichkeit, dieser so heidnische öffentliche Kult, dieser Götzendienst erschreckt Sie? Sie beschweren sich über diese Dinge, die man eher Wilden zutraut? Aber wer hat denn nichts für das Bewusstsein des neapolitanischen Volkes getan? Und welche Lehren, welche Worte, welche Vorbilder gedachte man diesen offenherzigen Leuten zukommen zu lassen, die so leicht zu erobern und so selbstverständlich zu begeistern sind? In Wahrheit finden sie angesichts des tiefen Elends ihres wirklichen Lebens nirgendwo anders Trost als in den Illusionen ihrer eigenen Fantasie. Und keine andere Zuflucht als bei Gott.

Die Lotterie

Nun, diesem außergewöhnlichen südländischen Volk, in dessen Blut sich so viel freundliches, poetisches und glühendes Erbe von Etruskern, Arabern, Sarazenen, Normannen und Spaniern kreuzt und mischt, weshalb dieses reiche neapolitanische Blut so im Hass vergeht, so für die Liebe glüht und sich im Traum verzehrt, diesen Leuten also, deren Fantasie die höchste, lebhaftigste und unerschöpflichste Seelenkraft ist, muss man ein großes Wunschdenken zugestehen.

Es sind bescheidene, gutmütige Menschen, die mit wenig glücklich wären, die jedoch nichts haben, um glücklich zu sein. Mit Sanftmut und Geduld ertragen sie das Elend, den täglichen Hunger, die Gleichgültigkeit derjenigen, die sie eigentlich lieben sollten, und die Vernachlässigung durch jene, die sie unterstützen sollten.

Glücklich über ihr Dasein unter freiem Himmel, ihr orientalisches Erbe, fehlt es ihnen an Luft; verliebt in die Sonne fehlt es ihnen an Sonnenstrahlen; begeistert von fröhlichen Farben leben sie in Düsternis; in Erinnerung an die schöne vorangegangene griechische Zivilisation lieben sie weiße Bogengänge, die sich vom Blau abheben, doch stattdessen scheinen die Löcher, in denen diese Leute hausen, nicht für Menschen gemacht zu sein; und von den Früchten des

Bodens bekommen sie die schlechtesten, die, die man auf dem Land an die Schweine verfüttert; und es gibt Lebensmittel, von denen sie niemals kosten.

Und dennoch träumen die Neapolitaner jede Woche vom großen Glück. Sechs Tage lang leben sie in einer wachsenden, stürmischen Hoffnung, die sich immer weiter ausbreitet und über die Grenzen des wirklichen Lebens hinausquillt. Sechs Tage lang hängen die Neapolitaner ihrem großen Traum nach, in dem es nur Dinge gibt, die ihnen vorenthalten werden, ein sauberes Haus, gesunde und frische Luft, ein Sonnenstrahl, der den Boden erreicht, ein hohes weißes Bett, eine glänzende Kommode, täglich Maccheroni, Fleisch und ein Liter Wein, und eine Wiege für das Kind, Unterwäsche für die Frau und ein neuer Hut für den Gatten.

All diese Dinge kann das echte Leben ihnen nicht liefern, wird es ihnen niemals liefern. Sie besitzen all dies in ihrer Vorstellung, von Sonntag bis zum nächsten Samstag. Sie reden darüber und sind sich ihrer sicher; und die Wünsche entwickeln sich, werden schon fast Wirklichkeit, ihretwegen streiten sich Mann und Frau oder liegen sich in den Armen.

Am Samstagnachmittag um vier Uhr ist die Enttäuschung dann groß; die Betrübnis kennt keine Grenzen. Doch am Sonntagvormittag erwacht die Fantasie wieder mit voller Kraft und der wöchentliche Traum beginnt von neuem: die Lotterie. Sie ist der große Traum, der die neapolitanische Fantasie anheizt; die fixe Idee dieser glühenden Hirne; die große, glückliche

Vision, an der sich die unterdrückten Menschen erfreuen. Die gewaltige Halluzination, die sich der Seelen bemächtigt.

Doch diese Geisteskrankheit ist ansteckend. Es passiert schleichend, aber unfehlbar und unvermeidlich. Die Verbreitungskraft dieser Ansteckung kann man nicht berechnen. Vom Flickschuster, der an seiner kleinen Werkbank vor der Tür sitzt, zieht die Lotto-Ansteckung zur armen Näherin, die ihm die alten Schuhe zum Besohlen bringt. Von ihr gelangt sie zu ihrem Liebsten, dem Burschen eines Weinkellers. Dieser trägt sie zum Wirt, der sie an alle Stammgäste weitergibt, die sie zu Hause, in den Werkstätten, in anderen Gasthäusern und sogar in den Kirchen verbreiten.

Das Dienstmädchen vom fünften Stock rechts spielt Lotto und hofft, dass sie nicht mehr als Dienstmädchen arbeiten muss. Doch alle Hausangestellten aus allen Stockwerken spielen, die Zofe aus dem ersten Stock, die dreißig Lire im Monat verdient, genauso wie die *vajassa*, die Magd, aus dem sechsten, die nur acht bekommt, immer in der süßen Hoffnung, den ach so harten Dienst aufgeben zu können. Und sie erzählen sich ihre Zahlen, sie stehen auf der Treppe zusammen, sie rufen sie sich aus den Fenstern zu, sie telegrafieren sie sich mit Handzeichen. Die Obstverkäuferin, die bei Sonne und Regen an der Straßenecke steht, spielt Lotto. Und die Straße weiter runter spielen die Ehefrau des Schneiders, die an der Tür sitzt und näht, die Ehefrau des Klempners, die im Gestank der Bleirohre erstickt, die Wäscherin, die den ganzen Tag mit den Händen in der Seifenlauge zubringt, die Kastanienverkäuferin, die sich Gesicht und Hände im Dampf und in der Hitze der Feuerstelle verbrennt, und die Nussverkäuferin, deren Hände bis zu den Gelenken von der Gallsäure schwarz sind. All diese Frauen glauben an die Lotterie; sie spielen treu und inbrünstig Lotto.

Im engen Zimmer, in dem acht oder zehn Mädchen als Näherinnen arbeiten, das Kind der Schneiderin in der Wiege schläft und in einer Ecke der Speck in der Pfanne auf dem Ofen brät, nennt eine ihre Zahlen, eine zweite hat andere, und die Meisterin weiß die richtigen, sie alle spielen.

Die Friseurinnen des Volkes, die so genannten *capere*, mit den um den Gürtel gerollten Schürzen, mit den zerzausten Köpfen und den fettigen Händen, die für einen Soldo am Tag Haare kämmen, verbreiten die Zahlen bei ihren Kunden und bekommen dafür andere. Sie sind das große Sprachrohr der Zahlen. In allen Betrieben, in denen neapolitanische Arbeiter für einen langen, schlecht bezahlten Arbeitstag versammelt sind, ist die Lotterie tief verwurzelt. In allen Volksschulen spielen die Lehrerinnen, und die größeren Schülerinnen spielen in Gemeinschaften, indem sie ihr Frühstücksgeld zusammenlegen. Dort, wo die unglückseligen Frauen, die es in Neapel zuhauf gibt, gemeinsam von der Sünde leben, ist die Lotterie eine der größten Hoffnungen: die Hoffnung auf Erlösung.

Doch glauben Sie ja nicht, dass das Übel nur in den armen Schichten grassiert. Nein, nein, es steigt auf, es befällt die Mittelschicht, mischt sich unter alle Bürger, in alle Berufsstände und erreicht sogar den Adel. Dort, wo es ein gut gehütetes Geheimnis gibt, wo eine Stundung nicht ausgeglichen werden kann, wo ein verdeckter finanzieller Ruin kurz bevorsteht, wo ein völlig unmöglicher Wunsch vorhanden ist, dort, wo die verborgene Härte des Lebens spürbar wird und nur noch Geld retten kann, dort greift das Lottospiel um sich und beherrscht alles.

Alle heiratsfähigen Mädchen, die keine Mitgift bekommen, spielen heimlich. Die zahlreichen Angestellten der Kommune, der Banken, des Finanzamts und der Zollbehörde spielen. Alle Pensionäre, die nicht von ihrer Pension leben können und die nichts anderes zu tun haben, beschäftigen sich mit der *Kabbala*, studieren die Zauberwissenschaft des Lottos, spielen verzweifelt und tragen immer ein Pfandleihbuch bei sich. Alle Ladenangestellten, die vierzig Lire verdienen, kennen *bestimmte* Zahlen und setzen jede Woche auf sie. Großen Gewinn von der Lotterie versprechen sich Richter und Staatsanwälte. Die Schwäche und Hoffnung dieser höchsten moralischen, aber miserabel bezahlten Instanz, die allgegenwärtigen Versuchungen mit einer preiswürdigen Kompromisslosigkeit widersteht, die mit vielen Kindern gesegnet ist und durch Verlegungen ruiniert wurde, liegt in der Lotterie.

Die kleinen Händler, die sich ständig mit Wechseln herumschlagen und täglich gegen den Konkurs kämpfen, klammern sich an diesen so unsicheren Lottoschein. Die großen Spieler an der Börse, die auf Messers Schneide spazieren und darauf einen Walzer tanzen können, geben sich im wilden Spielfieber gern der hoffnungsvollen Lotterie hin. All diese Symptome des ausufernden Übels in den Führungsschichten sind mir bekannt, weil ich sie gesehen, gehört, verstanden und durchschaut habe.

Die Damen der Aristokratie spielen, ein bisschen zum Spaß, ein bisschen in der Hoffnung auf ein neues Armband, ein bisschen, weil ihnen vielleicht die Schneiderrechnung unangenehm ist, die der Gatte nie bezahlen wird. Auch die, die davor gefeit sein sollten, weil sie das Übel gewohnt sind, weil sie das Geschäft kennen, die Angestellten der Lottobuden, die *postieri*, können der Versuchung nicht widerstehen. Daher versammeln sich samstags um vier Uhr all jene, die am schwersten erkrankt sind und es nicht abwarten können, vor der Lottogesellschaft in einer engen Straße zwischen der Via Pignatelli und der Via di Santa Chiara, um der Ziehung der Zahlen beizuwohnen.

Doch die Bediensteten, Verkäuferinnen, Arbeiterinnen und Arbeiter, die Mädchen und die Angestellten können sich nicht von ihrem Arbeitsplatz entfernen. Und so läuft ein Junge los, läuft zur nächsten Lottobude und holt die Zahlen. Alle warten darauf. Die ungeniertesten Leute stehen an Tür oder Fenster, die Schamhaften bleiben drinnen und spitzen die Ohren. Der Junge kehrt keuchend zurück, stellt sich ans Ende der Gasse und schreit die Zahlen heraus:

»Fünfundzwanzig!«

»Neunundsechzig!«

»Zweiundvierzig!«

»Acht!«

»Fünfundsiebzig!«

Totenstille. Alle werden blass.

Doch wie alle zu bunten Träume verlockt die Lotterie zu Untätigkeit und Müßiggang; wie alle Visionen verleitet sie zu Falschheit und Lüge; wie alle Halluzinationen führt sie zu Grausamkeit und Gewalt; wie alle fingierten Hilfsmittel, die im Elend entstehen, erzeugt sie selbst Elend, Erniedrigung und Verbrechen.

Das nüchterne neapolitanische Volk lässt sich vom Aquavit nicht verderben. Es stirbt nicht an *Delirum tremens*; es verdirbt und stirbt an der Lotterie. Die Lotterie ist der Aquavit Neapels.

Noch einmal Lotterie

Die Lotterie ist aus einer frühen mündlichen Form hervorgegangen; diese war rudimentär, ungebildet und gründete auf der oralen Tradition wie bestimmte Märchen und Legenden. Alle Neapolitaner, die nicht lesen können, also Alte, Kinder und Frauen, vor allem die Frauen, kennen die *smorfia* – oder auch *Der Schlüssel der Träume* – auswendig und wenden sie unverzüglich auf jeden Traum und jeden Umstand des realen Lebens an. Sie haben von einem Toten geträumt? Siebenundvierzig, aber er hat gesprochen – also achtundvierzig – und weinte – fünfundsechzig – und das hat Ihnen Angst gemacht – neunzig. Ein junger Mann hat eine Frau erstochen? Siebzehn, das Unglück – achtzehn, das Blut – einundvierzig, das Messer – neunzig, das Volk. Ein Topf fällt vom Haken an der Wand, ein Kind wird krank, ein Pferd geht durch, eine große Maus huscht vorbei: Für alles gibt es eine Zahl.

Alle großen und kleinen Ereignisse werden als eine geheimnisvolle Einnahmequelle angesehen. Ein Mädchen stirbt an Typhus. Die Mutter spielt die Zahlen, sie werden gezogen, die Frau ruft: *»Sie hat mir Gutes getan, selbst durch ihren Tod!«*

Eine Ehefrau erzählt von der Liebe, die der verstorbene Ehemann ihr entgegengebracht hat. Dann fügt sie traurig hinzu, dass er, wäre diese Liebe wirklich groß gewesen, ihr im Traum erschienen wäre, um ihr die richtigen Zahlen zu nennen. Und wenn er es vergessen hat, so ist er undankbar, denn er weiß ja, dass sie arm ist und er ihr helfen müsste.

Salvatore Daniele[25] schlachtet seine Geliebte Giuseppina Gazzara: Lottoschein. Das Volk sagt: *»Tja, sie ist tot, aber immerhin tut sie was für uns, die wir noch leben.«* Salvatore Misdea[26] ermordet sieben Soldaten: Lottoschein. Das Gesetz ermordet Misdea: Lottoschein. An den Türen der Bassi, an den Straßenecken diskutieren Abordnungen und Unterabordnungen die Zahlen. Der Lottoschein ist ausgefüllt. Die Zahlen werden nicht gezogen. Sie haben falsch getippt, sie hätten auf diese oder jene Zahl setzen müssen, die gezogen wurden.

Die Wissenschaft der Smorfia geht so weit, dass man ganz automatisch sagt: *»Der ist 'ne Zweiundzwanzig«*, wenn man jemanden für verrückt hält (zweiundzwanzig für verrückt). Und wenn die Wut mit der Zeit wächst, werden alle Beleidigungen, denen eine Zahl entspricht, im Lotto-Jargon ausgestoßen. Eine Frau versetzt einer anderen einen Fausthieb und bricht ihr die Nase. Vor dem Richter entschuldigt sie sich mit den Worten: *»Sie hat mich eine Achtundsiebzig genannt.«* Der Richter muss die Smorfia zur Hand nehmen und nachsehen, welcher Beleidigung diese Zahl entspricht.[27]

Die Kabbala hingegen ist mehr etwas für die gehobenen Schichten als für die niederen. Doch sie gelangt von oben dorthin. Natürlich kauft das Volk keine kabbalistischen Zeitungen oder Wochenzeitschriften mit so seltsamen Titeln wie *Vero amico, Il Tesoro, Il Fulmine, Il Corno d'abbondanza,*[28] die im Jahresabonnement zehn Lire kosten und von einer unbekannten Redaktion erstellt werden. Das Volk korrespondiert auch nicht mit jenen Mathematikprofessoren, die im Vico Nocelle 12, in San Liborio 44 oder im Vico Zuroli 3 wohnen, und die jeweils auf Seite vier all denen Glück versprechen, die die zehn Lire zahlen. Doch manche Dinge sickern durch. Ein gewisser Signore kennt die Zahlen, man passt ihn auf der Straße ab, drückt ihm ein paar Lire in die Hand und er ist zufrieden. Das ist ein kleines Geschäft.

Der Assistito (wegen der Geister) ist ein Krebsgeschwür, das bürgerliche Familien zerfrisst, ein Bleicher, von Krämpfen Geplagter, der sich durchfrisst und so tut, als hätte er Halluzinationen. Er arbeitet nicht, spricht in Rätseln, schürt den Glauben an grausame Kasteiungen und lebt auf Kosten jener, die ihn verehren. Doch aus dem bürgerlichen Haus gelangt mit Hilfe des Zimmermädchens, des Dieners oder der Wäscherin der Leumund des Assistito ins Volk. Und der Assistito weitet seine mystischen Aktivitäten aus und nimmt dadurch kleine, aber unverhoffte Summen ein. Er versammelt Adepten um sich und schreitet schließlich durch die Straßen, immer von vier oder fünf Personen umringt, die ihn hofieren und all seine Worte aufsaugen.

Doch der große Helfer des Volks, die Vorsehung des Volks, ist der Mönch. Ihm gilt sein Vertrauen, sein unerschütterlicher Glaube. *Der Mönch kennt die Zahlen.* Das ist das Dogma. Sagt er sie nicht, dann hat der Herr ihm verboten, den Sündern zu helfen. Wenn er sie sagt und sie werden nicht gezogen, fehlt es dem Spieler am wahren Glauben. Wenn er sie sagt und sie werden gezogen, verbreitet sich die gute Nachricht in Windeseile und der arme Mönch erlangt eine gefährliche Popularität. Er ist wie der Künstler, der ein Meisterwerk geschaffen hat. Erschafft er aber kein weiteres, dann gnade ihm Gott. Der Mönch, der nur zwei Zahlen, eine *Ambe*, richtig genannt hat, kann hoffen, in Ruhe gelassen zu werden. Doch jener, der drei Zahlen, eine *Terne*, angegeben hat und alle drei sind gezogen worden, muss sich in Acht nehmen. Die Leute werden versuchen, ihn auf alle möglichen Arten zu verführen, mit Gaben, mit Geldgeschenken, mit Spenden, mit Messen, mit Almosen; Kinder, Frauen und alte Großmütter werden mit Bitten zu ihm geschickt; sie lauern ihm auf der Straße, an der Kirchentür, im Beichtstuhl oder am Klostertor auf; sie gehen zu seiner Mutter, seinem Bruder, seiner Tante; sie belagern ihn Tag und Nacht; sie schlagen ihn; sie nehmen ihn gefangen, sie foltern ihn; sie lassen ihn verhungern, damit er im Todeskampf die Zahlen nennt. All dies ist vorgekommen. Oft lässt sich der Mönch, um sich in Sicherheit zu bringen, von seinem Abt an einen anderen Ort versetzen; er verschwindet, und das Volk sagt dann, die Madonna habe ihn mitgenommen.

Das neapolitanische Volk spielt um so viel Geld, wie es gerade hat. Selbst wenn es arm ist, findet es immer noch sechs Soldi, eine halbe Lira, um am Samstag Lotto zu spielen. Es behilft sich mit allem, denkt sich etwas aus, sucht und findet schließlich. Das größte Elend besteht nicht darin, nicht gegessen zu haben, sondern sagen zu müssen: *»Ich konnte nicht mal einen einzigen Schein spielen.«* Wer das hört, dem graust es. Zwischen Freitagabend und Samstagvormittag herrscht Hektik bei den Leuten, die spielen wollen, aber kein Geld haben. Die Arbeiter lassen sich einen Vorschuss auf einen Tageslohn geben. Die Dienstmädchen unterschlagen dreist beim Einkauf. Die Zahl der Bettler in den Straßen nimmt von Freitag auf Samstag unverhältnismäßig zu. Das, was man noch verkaufen kann, wird verkauft; das, was man verpfänden kann, wird verpfändet.

Da wären zunächst einmal die beliebten Spielscheine, also die Zahlen, die aus Tradition oder Verpflichtung immer getippt werden, weil es ohne sie einfach nicht geht. Die beliebteste Ambe ist sechs und zweiundzwanzig; die beliebteste Terne fünf, achtzehn und einundachtzig. Die Terne der Madonna ist acht, dreizehn und vierundachtzig. Diese Ternen werden – zum Glück für die Regierung – nur alle zwanzig Jahre gezogen. Als die Ambe sechs und zweiundzwanzig nach langen Jahren des Wartens herauskam, musste die Regierung zwei Millionen an Kleingewinnen auszahlen, zu jeweils fünf und zehn Lire. Und ganz Neapel hat auf der Straße getafelt, denn alle haben von dem Gewinn zu Mittag oder zu Abend gegessen, nur um dann in der folgenden Woche noch leidenschaftlicher weiterzuspielen.

Jeder hat seine ganz speziellen Zahlen, auf die er seit Jahren mit unerschütterlichem Glauben jede Woche setzt. Ein Schuhputzer spielte dreißig Jahre lang dieselben Zahlen. Diese hatte sein Vater ihm auf dem Totenbett vermacht, zusammen mit der Schuhputzkiste. In dreißig Jahren waren drei oder vier Mal Amben gezogen worden. Eine Terne nie.

Ein Portier spielte fünfundvierzig Jahre lang den gleichen Schein, ohne je etwas gewonnen zu haben. Als er ein einziges Mal aus Versehen zu spielen vergaß, wurde seine Terne gezogen – der Portier verstarb vor Kummer.

Dann gibt es immer die Zahlen eines großen Ereignisses, einer Schlägerei oder eines Suizids, einer Schießerei oder eines Giftmords. Und schließlich die kabbalistischen Zahlen, die dem Assistito oder dem Mönch entrissen wurden.

Diese vier Scheine muss man auf jeden Fall spielen. Sie kosten im Schnitt zwischen fünfzig Centesimi und zwei Lire pro Woche. Hat ein Neapolitaner nicht mehr als zwei Soldi übrig, setzt er sie im *Kleinen Spiel*, der illegalen Lotterie.

Die Mittlerinnen bei diesem großen Betrug sind zumeist Frauen. Eine von ihnen, zerlumpt und schmutzig, hat in einer langen Tasche unter ihrem Rock ein Register. Die Spieler oder Spielerinnen kommen zu ihr, geben ihr zwei Soldi und nennen die Zahlen. Im Gegenzug erhalten sie einen schmutzigen Zettel, auf dem mit Bleistift die Zahlen geschrieben stehen und das immer gleiche Versprechen: ein Scudo[29] für die

Ambe … vierzig Scudi für die Terne. Die Frau dreht ihre Runde durch das Viertel. Alle kennen sie. Alle wissen, welcher Tätigkeit sie nachgeht. Alle warten auf sie. Sie anzeigen? Das würde niemand wagen, denn sie ist eine Wohltäterin.

Ihre Einnahmen summieren sich natürlich. Aus zwei Soldi werden Hunderte und Aberhunderte von Lire. Die Betreiber des *Kleinen Spiels* werden fast alle reich.

An der Riviera trifft man auf die Equipagen der wohlhabenden Bürger, die durch die illegale Lotterie zu Reichtum gelangt sind; man kennt diese Leute genau, aber sie lassen sich nie blicken; sie haben ihre Agenten. Das Volk glaubt blind an die Betreiber des *Kleinen Spiels*. Doch zu oft, wenn ein Betreiber am Samstagnachmittag viele Gewinne auszuzahlen hat, verschwindet er rasch mit all seinen Listen und bezahlt niemanden. Wen kümmert's?

In der folgenden Woche dreht eine andere Frau ihre Runde und die Leute fallen wieder auf sie herein, werden wieder von ihr angelockt. Es ist unvermeidlich. Was für ein Spaß für Spieler und Geldeinnehmer, die Regierung zu hintergehen!

Hin und wieder verhaftet die Polizei vier oder fünf dieser Agenten, dieser Mittlerinnen. Sie werden zu Gefängnis oder einer Geldstrafe verurteilt. Wen kümmert's? Sie sitzen die Strafe ab, bezahlen das Bußgeld, kommen wieder frei und fangen mit noch größerer Leidenschaft von vorn an. Es gibt einen Mann, der fünf Mal wegen des *Kleinen Spiels* verurteilt wurde.

Er besitzt ein Haus und beschwert sich über die Verfolgung durch die Regierung. Seine Verurteilung nennt er »ein Malheur«. Dass ein offizieller Lottoschein nur zwei Soldi kostet, hat der Regierung nichts gebracht. Der Betrug ging nur blühender weiter, befeuert von diesem großen Wahn.

Die Statistik besagt Folgendes: Donnerstags, freitags und samstags finden die meisten Einbrüche statt; an diesen drei Tagen werden beim Monte di Pietà mehr Dinge verpfändet; an diesen drei Tagen sind die privaten Pfandleiher überfüllt; an diesen drei Tagen, vor allem aber am Samstagnachmittag, kommt es zu den meisten Prügeleien; und in genau diesem fatalen Zeitraum geschehen schließlich die hässlichsten, widerlichsten, niederträchtigsten und grausamsten Vorfälle. An diesen Tagen begibt sich das neapolitanische Volk in die Hand des Wuchers: seinem wahren Krebsgeschwür, an dem es stirbt.

Der Wucher

Eine arme Frau, die fünf Lire für den Vermieter benötigt, muss sich die Summe bei *Donna Carmela* borgen, die Geld *auf Treu und Glauben* verleiht. Bevor die Frau zu ihr geht, zögert sie lange, hat Angst und schämt sich, doch da ihr keine andere Wahl bleibt, rafft sie sich auf. Donna Carmela ist eine dicke, fettleibige Frau, die zusätzlich einen Luxusberuf ausübt: Sie häkelt Spitzen und steppt große Wattedecken, wie sie in Neapel verwendet werden; im Winter fertigt sie Goldstickereien auf Samt an. Letztendlich ein Beruf pro forma, der ihr viel Zeit zum Müßiggang lässt. Ihr eigentlicher Beruf ist es, armen Leuten Geld zu leihen. Im ersten Gespräch gibt sich Donna Carmela wortreich und der armen Frau ganz zugewandt. Sie ermutigt sie, bemitleidet sie, falls nötig, gesteht sie ihr, dass es ihr ebenfalls schlecht ging, und sie schickt sie, vollständig getröstet, mit fünf Lire wieder fort, besser gesagt mit viereinhalb Lire. Sie leiht ihr das Geld für acht Tage, die Zinsen betragen zwei Soldi pro Lira. Die werden im Voraus gezahlt. Für fünf Lire zahlt die arme Frau also fünfzig Centesimi. Die acht Tage vergehen, die fünf Lire, die sie zurückgeben muss, hat die arme Frau nicht, also bittet sie, rot vor Scham, Donna Carmela, sich mit den Zinsen für eine weitere Woche zu begnügen, also fünfzig Centesimi. Donna Carmela erwidert nichts, sondern steckt das Geld ein. So vergehen vier, fünf, ja bis zu zehn Wochen, ohne dass die arme Frau je die fünf Lire zusammenbekommt. Und jeden Montag hat sie die zehn Prozent Zinsen pro Woche zu zahlen; doch nach der fünften Woche wird Donna Carmela zur Hyäne. Man muss sie anflehen, dass sie nicht schreit, dass sie keine Szene macht, sie will ihr Geld, will ihr Blut, die Zinsen nützen ihr nichts, sie braucht ihr Kapital. An den Türen, in den Bassi, auf den Schwellen zu den Werkstätten hört man jeden Samstag, jeden Montag die zornige Stimme von Donna Carmela. Sie ist seit dem Morgen auf den Beinen, um einzutreiben, um zu *ernten*, und lässt mit ihrer schrillen Stimme und ihrem Befehlston Männer und Frauen erzittern. An einem Ort muss sie eine Lira, an einem anderen zwei oder auch fünf Lire eintreiben. Und niemand wagt es, sich gegen sie aufzulehnen, denn niemand kann zahlen, niemand wagt eine Rebellion, denn alle könnten sie immer noch brauchen. Diese dicke Frau ist unerbittlich. Sie kennt ihre Macht. Wenn ein Hausmädchen nicht zahlt, droht sie, einen Skandal bei der Herrin zu entfachen; wenn eine Frau nicht zahlt, droht sie, es dem Ehemann zu sagen; und wenn ein Arbeiter nicht zahlt, kennt sie die Adresse des Werkstattmeisters und schwärzt den Mann dort an. Sie ist verschlagen und vorsichtig, verwegen und ungeniert. Sie bleibt immer in der Position einer Wohltäterin, der diese undankbaren Leute die Haare vom Kopf fressen und deren Blut sie trinken. Und tatsächlich sticht niemand sie nieder, niemand verprügelt sie, niemand beschimpft sie, aber was noch viel schwerer wiegt: Niemand hat den Mut, ihr das Geld zu verweigern. Die Ehrlichkeit der Neapolitaner ist nicht einmal dazu fähig, eine Wucherin zu hintergehen. Sie tadeln die Frau noch nicht einmal für ihre Wutausbrüche, sondern versuchen immer, sie zu besänftigen.

Wenn eine arme Neapolitanerin eine Schürze braucht, ein Kleid, ein Halstuch, ein paar Hemden und kein Geld dafür hat, geht sie zu *Donna Raffaela*, die die Sachen *auf Treu und Glauben* liefert. Diese, eine andere Wucherin, kauft zu Niedrigpreisen Stoffe, Perkal und Baumwolltücher in verschiedenen Geschäften. Und all dies verkauft sie an die armen Leute. Jedes Stück kostet natürlich viel mehr, als es wert ist: der erste Verdienst. Dann, wie bei der anderen Wucherin, muss man pro Woche zehn Prozent Zinsen auf die Summe zahlen. Diese Schulden, die sich kontinuierlich vermehren, lasten monatelang auf der Existenz der armen Frauen, sodass die Schürze oftmals schon verschlissen und das Kleid fadenscheinig ist, die Hemden Löcher haben, die arme Frau das Dreifache bezahlt hat, doch die Schulden bleiben dieselben. Donna Raffaela ist außer sich. Sie schreit wie eine Besessene, will der Frau das Tuch vom Hals reißen, das sie ihr verkauft hat; will ihr die Schürze von den Hüften zerren und schreit: *»Das ist meine! Du hast mir mein Blut gestohlen!«* Wie der anderen Wucherin gelingt es auch ihr, das vier- oder fünffache ihres Kapitals zu kassieren. Die armen Leute brauchen auch sie, sodass sie sich nie gegen diese Gewalt auflehnen.

Wie die andere setzt Donna Raffaela nie mehr als kleine Summen ein; sie zieht die kleinen, dafür zahlreichen Geschäfte ohne Risiko den großen vor, bei denen immer Gefahren lauern.

Die privaten Leihhäuser stehen für den legal organisierten Wucher. Diese Einrichtungen sind keine Filialen des Monte di Pietà, die sich den Zinsen dieses großen barmherzigen Kreditinstituts anpassen müssen. Sie sind jedoch ordnungsgemäß autorisiert und leben von Spekulationen mit ihrem eigenen Kapital. Meistens werden sie von Frauen betrieben, die trotz ihrer Vulgarität und Unwissenheit sehr scharfsinnig sind, und mit wenig Kapital gegründet. In diesen Leihhäusern werden die Objekte zunächst auf abscheuliche Weise abgewertet, vor allem, wenn sie nicht aus Gold sind. Das ist die erste Einnahmequelle. Man zahlt einen fantastischen Preis für die Registrierung, dann eine gewisse Summe für die Akte, schließlich die Zinsen für einen Monat im Voraus. All dies ist so kompliziert, so gesichert, so offensichtlich legal, dass diese Pfandleiher fünf Prozent Zinsen pro Monat erheben, ohne dass jemand das Recht hätte, sich darüber zu beschweren. Ich weiß von der Ehefrau eines Angestellten, die ihr einziges Seidenkleid, ihr Hochzeitskleid, das zweihundertfünfzig Lire gekostet hatte, in einem dieser Leihhäuser verpfänden musste. Es wurde von einer fülligen Donna Gabriela geführt. Die Frau bekam für das Kleid sechsunddreißig Lire, von denen sie jedoch nur einunddreißig mitnahm, da sie fünf Lire als Zinsen, für die Akte und die Registrierung zahlen musste. Sechs Monate lang zitterte sie, dass man ihr Kleid verkaufen würde. Da sie keine sechsunddreißig Lire aufbringen konnte, zahlte sie jeden Monat fünf Lire, sie gab das geliehene Geld also zurück. Im siebten Monat hatte sie nicht einmal mehr diese fünf Lire und das Kleid wurde verkauft. Sie lief hin, um sich den Überschuss auszahlen zu lassen, denn es war ein neues Kleid und es sollte sich gut verkauft haben. Stattdessen war es für dreißig Lire *ausgelöst* worden. So jedenfalls ging es aus dem Buch hervor. Danach hatte die Frau das Vergnügen, Donna Gabriela im Theater in ihrem Kleid zu treffen, behängt mit Gold und Juwelen, die sie im Leihhaus gekauft hatte. Viele dieser Wucherinnen lieben es, sich mit den Dingen herauszuputzen, die sie im Lager haben, und mehr als eine Frau aus dem Volk hat schon die Pfandleiherin mit der Goldkette um den Hals herumspazieren sehen, die sie hatte verpfänden müssen, an den Ohren die Schmuckstücke einer Nachbarin und um die Schultern den Samtmantel der Signora aus dem dritten Stock. Und hinter den Türen, hinter den Fenstern wird leise geseufzt, werden Tränen heruntergeschluckt oder wird man unvermittelt blass, wenn die Pfandleiherin vorbeigeht. Diese wirkt wie ein indisches Götzenbild, dem man Gold und Blut opfert. Manche Pfandleiherinnen, die listigsten und ausgefuchstesten, versetzen selbst Gold und Wertgegenstände, allerdings in der Bank, und verdienen ein weiteres Mal daran, denn die Bank zahlt ehrlicherweise ein Drittel des Wertes und sie selbst nicht mal ein Fünftel. So vermehrt sich ihr Kapital und sie bringen die Objekte in Sicherheit.

Aber warum – fragt man sich – gehen die armen Leute nicht zu den zwei Banken von Santo Spirito[30] und Donnaregina[31]? Warum lassen sie sich von diesen Pfandleihern ausnehmen? Das liegt daran, dass in den staatlichen Banken die Vermittlung sehr langwierig ist – und viele Leute haben nicht die Geduld, sie wissen nicht, wie das alles geht. Sie wollen die Sache schnell erledigen, und so betreten sie, getrieben von einer dringenden Notlage, lieber eins dieser Leihhäuser, wo sie sofort bedient werden, ohne Formalitäten und ohne viele Worte. Zudem gibt es in den staatlichen Banken immer eine große Öffentlichkeit und eine schüchterne Person, die dort vor Scham errötet, zieht lieber das diskrete Halbdunkel der Leihhäuser vor, wo alles scheinbar unter größter Geheimhaltung stattfindet. Zudem ist am Freitag und Samstag, wenn das neapolitanische Volk Lotto spielen muss und gespielt hat, der Ansturm so groß, dass die staatlichen Banken nicht mehr ausreichen und die einfachen Leute sich an die privaten Leihhäuser wenden.

Jetzt rechnen Sie einmal nach. Jede Gasse hat ihre Donna Carmela, jede Straße ihre Donna Raffaela, an jeder Ecke der Piazza gibt es ein autorisiertes Leihhaus. Und in bestimmten dunklen Straßen wird in jedem dritten Laden etwas verpfändet. Rechnen Sie, multiplizieren Sie, bedenken Sie das Elend, bedenken Sie die Lotterie. Auf der einen Seite stehen Gier und Gerissenheit, auf der anderen Ehrlichkeit und Elend, Not und Naivität. Unter diesem Krebsgeschwür, dem Wucher, leidet das neapolitanische Volk unendlich.

Das Pittoreske

Zu Tagesbeginn, falls Sie einen leichten Schlaf haben, werden Sie zwischen den unzähligen neapolitanischen Geräuschen ein gleichmäßiges Glockengeläut vernehmen, das mal verklingt und dann nach einer kurzen Pause wieder einsetzt; dazu das Öffnen und Schließen von Toren, Fenstern und Balkontüren, Schwatzen und lautstarke Streitereien von der Straße und aus den Fenstern. Ein paar Stunden lang drehen in den Straßen Kühe ihre Runden, jede von einem schmutzigen Kuhhirten an einem Strick geführt. Die Hausmädchen kaufen für zwei Soldi Milch, trödeln auf der Türschwelle, streiten um die Menge. Viele lassen, um die mühsamen Treppen nicht steigen zu müssen, aus dem Fenster einen Korb herunter, mit einem leeren Glas und einem Soldo. Und von oben beschweren sie sich, dass es viel zu wenig ist und der Kuhhirt ein Dieb sei. Dann ziehen sie den Korb vorsichtig wieder hoch, um die Milch nur nicht zu verschütten, und schlagen wütend die Fenster zu.

Im Laufe des Morgens bleiben die Kühe vor jeder Tür stehen. Dort, wo die Bediensteten noch schlafen, ruft der Kuhhirt laut: »*Lasst den Korb herunter.*« Wenn sie nicht hören, schlägt er heftig gegen die Kuhglocke. Es ist ein pittoreskes morgendliches Bild. Die völlig schlammverkrusteten Kühe, der Hirte mit den schwarzen Händen, der die Gläser beschmutzt, die zerzausten, fast unbekleideten Hausmädchen, die Nachbarinnen in ihren tomatenbefleckten Nachthemden.

Am Nachmittag folgt dann der zweite Teil dieses Bildes: Von vier bis sechs Uhr ertönt ein helles, hektisches Geläut. Das sind die Ziegenherden, die sich in allen Gassen und Straßen der Stadt tummeln; jede Herde geführt von einem Ziegenhirten mit einem Stock.

An jedem Tor hält die Herde, die Tiere lassen sich zum Auszuruhen auf der Erde nieder. Der Hirte schnappt sich eine Ziege, zerrt sie in den Hauseingang und melkt sie vor den Augen der Bediensteten, die heruntergekommen ist. Manchmal ist die Herrin misstrauisch, sie glaubt nicht an die Ehrlichkeit des Ziegenhirtens und auch nicht an die der Bediensteten. Dann steigt der Hirt mit der Ziege in den dritten Stock und auf dem Treppenabsatz versammelt sich der Familienrat, um das Melken zu überwachen.

Der Hirt und seine Ziege galoppieren die Treppe wieder hinunter, rammen dabei manch Unglückseligen, der gerade hinaufsteigt und auf diese Begegnung nicht gefasst ist. Unten am Tor kommt es dann zum Kampf zwischen Hirt und Ziegen, damit die Tiere weiterlaufen, bis diese, vor allem gegen Abend, plötzlich losstürmen, denn sie wissen, dass sie nun in die Hügel zurückkehren.

In keiner zivilisierten Stadt sind diese Horden von schmutzigen und stinkenden Nutztieren, diese Kühe auf den Straßen zu sehen. Die Milch kauft man in sauberen, marmorweißen Geschäften.

In Neapel nicht: Der Brauch ist zu malerisch, um ihn abzuschaffen. Kein Bürgermeister wagt das. Die große Reform im Laufe von fünfundzwanzig Jahren war, dass durch die Stadt keine Schweine mehr getrieben werden dürfen, wie es früher erlaubt war.

Noch ein anderer, sehr pittoresker Umstand ist die Vereinnahmung der Straßen durch die kleinen Krämer oder die fliegenden Händler. Welche lebhaften, leuchtend buntschillernden Bilder, welche großartigen und schönen Augenweiden, welche kraftvollen, üppigen Darstellungen könnten einen der modernen Experimentalisten inspirieren, denen die Umgebung doch so sehr am Herzen liegt! In der Via Roma, der wichtigsten Straße der Stadt, wurde der Abschnitt zwischen San Nicola alla Carità und den Chianche della Carità, das heißt zwei Plätze und zwei lange Gehwege, den Verkäufern von Obst, Grünzeug und Hülsenfrüchten überlassen. Hier liegen Feigen neben Bohnen, Weintrauben neben Zichorien, Tomaten neben Paprika. Ständig wird Wasser verspritzt und verdorbene Ware aussortiert. Nach acht Uhr morgens ist dieser Straßenabschnitt ein Schlachtfeld aus stinkendem Abwasser, Schalen, Kohlblättern, vergammeltem Obst und aufgeplatzten Tomaten, sodass dieser Teil der Via Roma, trotz der Mühen der Straßenkehrer, niemals sauber wird, ähnlich wie die verhängnisvolle Hand von Lady Macbeth, die kein Wasser des Ozeans reinwaschen konnte.

Gleichzeitig bleibt die nahegelegene Markthalle von Monteoliveto halbleer und verströmt die Tristesse der großen unnützen Gebäude. Die Halle von San Pasquale a Chiaia ist sogar geschlossen. Die neapolitanischen Verkäufer wollen dort nicht hin, sie verkaufen ihre Waren lieber auf der Straße.

Das gesamte Viertel Pignasecca, von der Piazza alla Carità bis zu den Ventaglieri, quer durch Montesanto, ist ständig mit Marktständen verstopft. Es gibt zwar Läden, aber man verkauft auf der Straße. Die Bürgersteige sind verschwunden, wer hat sie überhaupt jemals gesehen? Maccheroni, Gemüse, Kolonialwaren, Obst, Wurstwaren und Käse, alles, alles steht auf der Straße, bei Sonnenschein, aber auch bei Regen; Kassen, Tresen, Waagen, Vitrinen, alles, alles steht in den Gassen; dort wird frittiert, weil es eine bekannte Bratküche gibt; dort verkauft man Melonen, denn der Melonenverkäufer ist berühmt dafür, *die Stimme zu erheben*; Esel, voll beladen mit Obst, kommen und gehen; der Esel ist der ruhige und mächtige Padrone der Pignasecca.

Hier könnte der experimentelle Romancier auch seine traditionelle Symphonie der Düfte komponieren, denn hier ist man unvorstellbaren Noten ausgesetzt: Frittierfett, ranzige Salami, kräftiger Käse, im Mörser zerstoßener Pfeffer, scharfer Essig, eingeweichter Stockfisch. Inmitten der Symphonie der Pignasecca findet man aber auch das große, hintergründige und beunruhigende Motiv: der Fischverkauf, vor allem von Thunfisch, mitten in der Sonne, auf schrägen

Marmorplatten. Morgens kostet der Thunfisch sechsundzwanzig Soldi und der Fischverkäufer schreit den Preis voller Stolz heraus. Doch gegen Abend, wenn Zeit und Ware zur Neige gehen, sinkt der Thunfischpreis auf vierundzwanzig Soldi, auf eine Lira, auf achtzehn Soldi. Sobald er bei zwölf Soldi ankommt, hat die große Symphonie des Gestanks ihren Höhepunkt erreicht.

Die Pignasecca kann niemals sauber sein; keine Kommune hat es je gewagt, sie zu einer *Müllhalde* zu erklären. Das Viertel Sangue di Cristo[32], das aus Respekt vor dem Namen des Erlösers lieber das *Hühnerblut*-Viertel genannt wird, lacht über die Kommune.

Ansonsten ist all dies in den Augen der Maler und Schriftsteller wunderschön.

Es gibt jedoch nichts Pittoreskeres als die Straße von Santa Lucia, die fest im Besitz der werten Signori Fischer, Seeleute, Reusenflechter und Austernverkäufer ist. Und natürlich von deren werten Gattinnen, Verkäuferinnen von Schwefelwasser[33] und kleinen Krapfen, den Tintenfisch-Köchinnen und Paprika-Rösterinnen. Dazu kommen ihre werten Sprösslinge, in undefinierbarer Zahl, alle nackt und braun wie Bronzefiguren.

In dieser Straße wird unter freiem Himmel alles erledigt: Wäsche gewaschen und Tomaten eingelegt, Frauen frisiert und Katzen entlaust, gekocht und geliebt, Karten gezockt und *morra*[34] gespielt. Die Straße von Santa Lucia gehört den *luciani*, also den dortigen Bewohnern, die sich nur um ihren eigenen Kram scheren. Die vier Sackgassen, die sich von Santa Lucia den Hügel hinaufziehen, sind den Fondachi des Mercato-Viertels ebenbürtig, auch was den Schmutz angeht. Übergänge verbinden die schiefen und heruntergekommenen Häuser, Wäscheleinen ziehen sich von einem Balkon zum nächsten, nur ein Lichtlein vor einer kleinen schwarzen Madonna erhellt die Gasse, in der der gesamte Schmutz dieser Leute landet.

Zum Meer hin gibt es keinen Bürgersteig mehr. Die Luciani belagern alles mit ihren Reusen und ihren Flaschen für das Schwefelwasser. Im Sommer schlafen sie auf dem Gehweg oder auf der Brüstung und maulen über alle, die es wagen vorbeizugehen und sie aufzuwecken. Den Häusern nähert sich niemand. Denn dort fliegen zum Spaß Weizenspreu und Feigenschalen heraus und die Schenken stellen die Tischchen für die Trinker mitten auf die Straße.

Die Luciani dulden es, dass die *Tram* durch ihre Straße fährt, aber sie fluchen, oft und gerne, fürchterlich darüber, denn es ist eine widerrechtliche Aneignung ihres Reviers. Die Verkäuferinnen des Schwefelwassers sehen oftmals aus wie als Frauen verkleidete Männer, in Holzpantinen mit hohen Absätzen, einem am Bauch hochgerafften kurzen Rock und Perlenohrringen, die mit einem schwarzen Faden am Ohr gehalten werden, damit die Ohrläppchen unter dem Gewicht nicht reißen. Die Frauen sind von Natur aus zanksüchtig und schonungslos. Sie zwingen einen mit Gewalt, das Wasser zu trinken, sie streiten untereinander und machen sich die Kunden abspenstig.

Sie sind unbeherrschbar: Um sie zu bändigen, muss der Bezirksvertreter selbst ein Luciano sein, der ihnen die Leviten liest.

Einmal haben sie einen Ordnungsbeamten bis zur Bewusstlosigkeit verprügelt, als er ihnen eine Geldstrafe aufbrummen wollte. Allerdings legten sie am folgenden Tag zusammen, um seiner alten Mutter zu helfen, solange der Sohn im Krankenhaus lag.

Doch das pittoreske Santa Lucia wird niemals Bau- und Hygienegesetzen unterworfen sein: Es ist eine Festung.

Mag sein, dass die Cholera dort keinen großen Schaden angerichtet hat, da es dort das Meer und die Sonne gibt. Doch was ist das für ein öliges, schwarzes Meer! Und auf was für eine Fäulnis scheint die Sonne!

Für einen Farbliebhaber ist in der Via Roma abends auch der Anblick des Karrens, beladen mit unzähligen Schüsseln voll geschälter Kaktusfeigen, pittoresk anzusehen. Ein Mann schiebt den Karren, eine Petroleumlampe raucht; hin und wieder hält er an. Schließlich zieht er weiter und hinterlässt eine Spur aus rutschigen Stachelschalen.

Für einen Schriftsteller ist es überaus pittoresk, nach Mitternacht herumzulaufen: Männer schlafen unter dem Portikus von San Francesco di Paola[35], den Kopf auf dem Sockel einer Säule. Männer schlafen auf den Bänken der Piazza Municipio. Jungen und Mädchen schlafen auf den Kirchenstufen von San Ferdinando, Santa Brigida und Madonna delle Grazie, vor allem vor der letzteren schlafen sie, weil sie in der Mitte der

Via Roma liegt und eine breite Treppe mit großen Absätzen hat.

Es mag dem einen oder anderen gefallen, dass nur wenige Schritte von der Via Roma entfernt das Kloster San Tommaso d'Aquino liegt, in dem es keine Mönche mehr gibt, sondern das ein kleiner Fondaco geworden ist, ein kleiner Hof voller Wunder, mit seinen Zellchen und seinen Läden, in denen es von Schatten wimmelt, und den Behausungen, die von Armen und Unglückseligen überquellen.

Doch in Wirklichkeit ist es sehr, sehr grausam, dass es all dies immer noch gibt, dass menschliche Wesen darunter leiden und dass Menschen mit Herz hinnehmen, dass all dies existiert.

Die Barmherzigkeit

Wenn eine neapolitanische Frau keine Kinder hat, trauert sie nicht still und heimlich wegen ihrer Unfruchtbarkeit, sie macht keine Wunderkur, um zu genesen, wie die aristokratischen Frischverheirateten, sie zieht keinen Welpen, keine Katze und auch keinen Papagei auf, wie die bürgerlichen Ehefrauen. An einem Sonntagmorgen geht sie vielmehr zusammen mit ihrem Ehemann zur Annunziata[36], wo die Findelkinder untergebracht sind, und unter den Jungen und Mädchen, den gerade abgestillten oder auch den größeren, sucht sie sich das Kind aus, das ihr am besten gefällt, und sobald sie beim Ordensvorsteher der Wohlfahrtseinrichtung eine Erklärung abgeben hat, nimmt sie die kleine *Tochter der Madonna* triumphierend mit nach Hause.

Dieses Geschöpf, das nicht ihres ist, liebt sie so, als hätte sie es selbst zur Welt gebracht. Sie leidet mit, wenn das Kind an Krankheit oder Elend leidet, als wäre es ihr eigen Fleisch und Blut. Unter all den neapolitanischen Kindern werden leibliche Nachkommen sicherlich am häufigsten geschlagen. Doch eine Tochter der Madonna zu schlagen, davor scheut sich jeder. Ein herzliches Mitleid lässt die Adoptivmutter ausrufen: »*Arme Kleine, ich hab' nicht das Herz, sie zu schlagen, sie ist eine Tochter der Madonna!*« Erblüht dieses Geschöpf in Gesundheit und Schönheit, dann rühmt sich die Mutter, als wäre es ihr Werk, sie versucht, sie zur Schule zu schicken oder zumindest zu einer Schneiderin, um Nähen zu lernen, denn wegen ihrer Schönheit ist das Mädchen sicherlich die Tochter eines Prinzen; im Fall von Armut oder Krankheit würde die Adoptivmutter, auch wenn sie es könnte, die Tochter niemals in die Annunziata zurückschicken. Und die gegenseitige Zuneigung ist so tief, als wäre das Mädchen ihr leibliches Kind. In einem gewissen Alter verblasst dann die Erinnerung an die Annunziata, und diese Lehnmutter bekommt wirklich eine Tochter.

Doch es gibt noch mehr: Eine Mutter hat fünf Kinder. Der Kleinste erkrankt schwer, sie legt bei der Madonna ein Gelübde ab, damit der Sohn wieder gesund wird; sie würde dann ein Findelkind adoptieren. Der Sohn stirbt; aber die fromme Mutter, die als Zeichen ihrer Trauer einzig ein schwarzes Halstuch tragen kann, erfüllt unter Tränen das Gelübde. Mit der Zeit tröstet so das schöne, lebendige Geschöpf die Mutter des toten Sohnes; in ihr bleibt nur eine süße Erinnerung und eine große Dankbarkeit über die Tochter der Madonna erblüht in ihr.

Manchmal wird der Sohn aber auch gesund. Und am ersten Tag, an dem er wieder das Haus verlassen kann, nimmt sie ihn mit in die Kirche der Annunziata und lässt ihn den Altar küssen; gemeinsam gehen sie danach ins Waisenhaus, um ein Geschwisterchen auszuwählen. Und zwischen den fünf oder sechs leiblichen

Kindern fühlt sich das arme Findelmädchen niemals wie ein Eindringling. Ihr wird nie gedroht, dass man sie weggejagt, sie isst, was alle essen, arbeitet so wie die anderen auch; die Geschwister wachen über diese Schwester, damit sie sich nicht in irgendeinen Liederjan verliebt; sie heiratet und weint hemmungslos, wenn sie aus dem Haus geht und kehrt immer wieder dorthin zurück, wenn sie Schutz oder Trost braucht.

Ein gängiger Fall von Barmherzigkeit ist folgender: Eine zu schwache oder von der Arbeit erschöpfte Mutter hat ein Kind, aber keine Milch. Es gibt immer eine Freundin, eine Nachbarin oder irgendeine fromme Fremde, die ihre Milch teilt. Diese Frau stillt eben zwei Kinder, was macht das schon? Der Herr wird ihr schon die nötige Milch schicken. Drei Mal pro Tag bringt die Frau mit den trockenen Brüsten das Kind in das Haus der glücklichen Mutter. Sie setzt sich auf die Schwelle und betrachtet wehmütig ihren Sohn, wie er das Leben in sich aufsaugt. Man muss eine solche Szene gesehen und die bescheidene, dankbare Stimme gehört haben, mit der sie sagt, während sie ihr Kind wieder an sich nimmt: »*Der Herr vergelte dir die Barmherzigkeit, die du diesem Kind erweist.*« Und die Milchmutter entwickelt eine Zuneigung für dieses zweite Kind und leidet nach dem Abstillen, dass sie es nicht mehr sieht. Hin und wieder geht sie es besuchen, bringt ihm für einen Soldo etwas Obst oder ein Amulett der Jungfrau. Dieses Kind hat zwei Mütter.

Ich habe auch noch etwas anderes gesehen: Eine arme Frau ging zum Dienst, konnte aber ihr Kind nicht mitnehmen; sie ließ es bei einer anderen armen Frau, die Halbstiefel umsäumte und zu Hause arbeitete, besser gesagt auf der Straße. Sie legte die beiden Kinder, ihr eigenes und das der Freundin, in eine große Strohtasche, band eine Kordel an diese Art von Wiege und das andere Ende an den eigenen Fuß. Und während sie die Stiefel umsäumte, sang sie ein Wiegenlied für die beiden Kinder. Während sie die Stiefel umsäumte, bewegte sie den Fuß vor und zurück, um die beiden Kleinen in der Wiege zu schaukeln.

Für eine andere Frau, die weit entfernt im Dienst stand, hütete eine Freundin das Kind; und diese brachte es der Mutter zum Stillen, in der glühenden Sonne schwitzend, das schwere Kind auf dem Arm. Die Übergabe fand auf dem Treppenabsatz oder in der Küche statt. Dabei sprachen sie kurz:

»*War er denn ruhig?*«

»*Ruhig ja, aber er hat ständig Hunger.*«

»*Ach, er ist Mammas Herzchen!*«

Nach dem Stillen nahm die Freundin das Kind, das nicht ihres war, wieder auf den Arm und sagte:

»*Komm, wir gehen nach Hause; Tantes Herzchen, verabschiede dich von Mamma.*«

Und sie ging ganz ruhig mit ihm fort, ohne zu murren, während die Mutter ihrem Sohn vom Küchenfenster hinterher sah.

Selbstverständlich kann das Volk den noch Ärmeren keine Almosen geben, weil es selbst kein Geld hat. Doch man sieht und hört von viel edlerer und gütigerer Barmherzigkeit.

Eine Köchin bekam immer schlechte Laune, wenn die Padrona Brühe verlangte. Sie war nur glücklich, wenn sie Maccheroni, Hülsenfrüchte, Risotto oder sattmachende Suppen zubereiten sollte. Lange wurde die Köchin der Gefräßigkeit verdächtigt, obwohl ihre kleine kränkliche Figur eher nach Brühe aussah als nach Maccheroni. Tatsächlich jedoch gab sie ihre Mahlzeit jeden Tag den beiden Kindern der Portiersfrau und wollte ihnen lieber einen vollen Teller bringen statt drei Löffelchen Brühe. Die Köchin selbst ging leer aus.

Abends, wenn alle nach Hause gehen, schnüren sich die Dienstmädchen ein Bündel mit den Resten vom Mittagessen, falls die Padrona die Güte hat, sie ihnen zu überlassen. Diese Reste sind jedoch nicht für sie selbst, sondern für ein Brüderchen, eine Nichte, eine alte Mutter oder manch arme Frau, die gar nichts hat.

Kein Dienstmädchen isst jemals alles, was Sie ihr geben: die Hälfte, dreiviertel, manchmal sogar alles ist für eine andere Person bestimmt.

Und die Kranken in den Hospitälern, die Leute im Gefängnis haben alle eine Schwester, eine Tante, eine Nachbarin, eine Freundin, eine Geliebte, die sich während der Woche abmüht, damit sie am Donnerstag oder am Sonntag vier Apfelsinen kaufen kann, um den Durst des Kranken oder der Kranken zu stillen, oder die nachts in aller Eile das Hemd des Gefangenen waschen, um es ihm an nächsten Tag sauber und gebügelt zurückzubringen.

Man muss sich an Besuchstagen vor den Toren der Krankenhäuser doch nur die weibliche Menge ansehen, die sich blass und ängstlich davor drängt! Ich habe eine Ehefrau gesehen, deren Mann im Krankenhaus gestorben war. Sie lief zum Direktor, zu allen Ärzten, deren Adressen sie ausfindig machen konnte, zur Äbtissin, zu den Nonnen und den Pflegerinnen; sie weinte, bat und raufte sich die Haare. Sie flehte sie an, im Namen Christi, dass sie ihren Mann nicht aufschneiden sollten. Den Gedanken an den Tod ertrug sie, aber der an die Autopsie machte sie fassungslos.

Jede Frau, die auf der Straße etwas isst und sieht, wie ein Kind stehenbleibt und sie anstarrt, gibt ihm sofort von ihrem Essen. Selbst wenn sie nur ein Stück Brot hat, so gibt sie es ihm. Sobald eine Schwangere auf der Straße stehenbleibt, geben alle, die etwas essen oder Essbares entdecken, ihr davon, selbst wenn sie nicht darum gebeten hat. Sie nötigen sie, es zu nehmen, sie wollen nicht, dass sie *Skrupel* hat.

Und den ganz Armen in der Gegend wird – so gut es geht – von den armen Bewohnern geholfen. Jemand gibt ein Stück Brot, ein oder zwei Tomaten, manch einer eine Zwiebel, ein bisschen Öl, zwei Feigen, eine Schippe mit glühenden Holzkohlen. Eine Frau, die irgendwie helfen wollte, ließ eine Bettlerin das bisschen Essbare, das sie ergattert hatte, auf ihrem Feuer im Tuffsteinofen kochen. Das restliche Feuer hätte sowieso umsonst gebrannt, nachdem sie selbst mit dem Kochen fertig war, also sollte es noch einer Elenden helfen.

Eine andere war noch erfinderischer mit ihrer Barmherzigkeit. Sie selbst war arm und aß gekochte

Maccheroni nur mit etwas pikantem Käse, aber ihre Nachbarin, die noch ärmer war, hatte nur steinhartes Brot.

Also schenkte die weniger Arme der Nachbarin das Wasser, in dem sie ihre Maccheroni gekocht hatte; dieses weißliche Wasser goss die Nachbarin über ihre Brotkanten, die dadurch wieder weich wurden und so wenigsten ein bisschen nach Maccheroni schmeckten.

Eine junge Näherin war mit einer Lungenentzündung im Hospital Gesù e Maria gewesen. Sie war genesen und hatte das Krankenhaus blass, ausgezehrt und erschöpft verlassen. Dennoch verabreichte man ihr, um einer immer noch drohenden Schwindsucht vorzubeugen, jeden Morgen vier Finger Lebertran, die sie sich im Krankenhaus abholen musste. Sie kam jeden Morgen mit ihrem Glas, bis ihre Gesundheit wieder völlig hergestellt war. Dann erfuhr sie, dass sie keine Medizin mehr bekommen würde. Sie erschrak, wurde bleich, weinte und bat die Nonne, ihr um Himmels willen den Lebertran nicht zu streichen – und so kam heraus, dass sie ihn nicht selbst trank, sondern einer armen Frau schenkte, die aufgrund ihres Elends allen natürlichen Ekel überwunden hatte, ihn auf Brot träufelte oder damit Paprika für einen Soldo briet.

Und an noch eine Geschichte erinnere ich mich: Eines Tages setzten bei einer Schwangeren am Larghetto Consiglio die Wehen ein. Sie stürzte auf die Stufen und kam mitten auf der Straße nieder. Die Aufregung war riesig. Sie schwieg, doch aus Barmherzigkeit, aus Mitgefühl kreischten und weinten viele andere Frauen. Und in kurzer Zeit brachten die Leute aus allen Bassi, aus allen Läden und allen Kellern Hemdchen und Windeln, um das winzige Geschöpf einzukleiden, und Laken für die arme Wöchnerin. Eine Mutter bot ihr die Wiege ihres toten Kindes an. Eine andere taufte das Neugeborene, indem sie das Kreuzzeichen auf seinem Gesichtchen machte. Eine dritte bat in allen Häusern der Nachbarschaft um Almosen. Eine vierte, ein Dienstmädchen, bot der armen Wöchnerin an, für sie den Haushalt zu machen. Die Ehefrau des Bäckers teilte ihr Bett mit der Wöchnerin. Und der Bäcker schlief zehn Tage lang auf einem Tisch mit einem Sack als Kissen. Diese arme Frau weinte jedes Mal vor Rührung, wenn sie ihren Sohn küsste.

Rom, Herbst 1884

Heute

Der Paravent

Fuhr man vor mehr als zwanzig Jahren vom Bahnhof nach Neapel hinein, so hatte man den Eindruck, in eine enge, übelriechende, dreckige Stadt zu gelangen, erstickt in Häusern jeglicher Größen, Höhen und Erscheinungsformen, die allesamt von den Spuren des Verfalls und des Schmutzes gezeichnet waren. Sobald die Kutsche des Fremden dann den alten Corso Garibaldi passiert hatte und in der Via Marina ein wenig langsamer wurde, in dieser ewig aufgerissenen Straße mit den tiefen Löchern, wurde man fürchterlich durchgeschüttelt. Ließ der Fremde sein Gepäck auf dem Faltdach oder stellte sein Reisenecessaire auf die Bank gegenüber, kam es tagtäglich zu Raubüberfällen, manchmal waren es gar zwei oder drei, und der flinke Dieb verschwand in den Gassen und Gässchen hinter der Via Marina. Zu dem überaus enttäuschten ästhetischen Eindruck des Fremden, der noch nicht im Viertel Beltà[37], also in der Nähe der Riviera angekommen war, gesellte sich ein moralischer Abscheu, von dem nicht nur in den ehrlichen und aufrichtigen Baedeckern zu lesen war, sondern von dem auch die vielen Reisenden ausgiebig und überzeugend berichteten.

Zweifellos hat sich nach zwanzig Jahren der ästhetische Eindruck komplett verändert. Der Bahnhofsplatz hat eine Größe angenommen, die einer Metropole würdig ist, und die breiten Straßen, die sich vor dem Fremden auftun, die zwei riesigen Arterien rechts und links davon, die großen Palazzi an den Straßenecken, all diese großen Dinge, voller Licht, voller Luft, all diese annähernd reinen Dinge wirken auf den ersten neugierigen Blick angenehm. Biegt man dann auf den Rettifilo[38], erfasst das leicht abgelenkte und müde Auge des Fremden rasch alles und es überkommt ihn ein Gefühl der Bewunderung für die Breite dieser Straße, für ihre Gestaltung, die bis zu einem gewissen Punkt sogar schön ist. Es stimmt, es fehlen die Bäume, die die Poesie aller zivilisierten Städte der Welt ausmachen, von Paris einmal ganz abgesehen, wo die Bäume eine Augenweide sind und von den Bürgern bewundert werden. Es fehlen die Bäume, dafür gibt es im Gegenzug und zu unserer Belustigung ein bisschen kümmerliches Grünzeug, schlecht gepflanzt, ungepflegt, ungeschützt und von den Behörden selbst, den Bürgern und den Straßenkindern verabscheut, gehasst und misshandelt. Es wäre fast besser, diese Pflänzchen auszureißen, statt ihrem langen Todeskampf beizuwohnen, mit dem niemand Mitleid hat, weder der Bürgermeister, noch der Beauftragte für Grünanlagen, auch nicht die Haus- oder Ladenbesitzer, außer vielleicht ein melancholischer Wanderer, der sich mit vergeblichem Mitleid an die Bäume erinnert, nicht an die von Paris, um Himmels willen, sondern an die von Mailand und Turin, der Städte, in denen nicht Gott der Herr die Landschaft geformt hat, sondern in denen die Menschen durch das Grün und den

Schatten von schönen Bäumen ihren Augen Ruhe verschaffen und die Seele träumen lassen. Doch genug davon! Der Rettifilo ist majestätisch angelegt, sein Ensemble beeindruckt vor allem, wenn man ihn schnell durchquert und ihn nicht genau betrachtet. Dann nämlich bemerkt man die mannigfaltigen Scheußlichkeiten der mannigfaltigen neuen Palazzi nicht, die dort in unterschiedlichen, oftmals grellen Farben und manchmal mit geschmacklosen und prätentiösen Verzierungen entstanden sind: Das jedoch ist auch in vielen anderen schönen Städten Italiens ein allgemeines Übel, wo neben herrlichen, alten und überaus eleganten Palazzi die modernen Architekten Monumente ihrer absoluten Ignoranz und ihres völlig fehlenden Sinns für Ästhetik errichtet haben. Seit die wunderbaren schattigen Wege der zauberhaften Parkanlage der Villa Ludovisi in Rom zerstört wurden, seit der heilige Wald der Schönheit und Anmut verschwunden ist, um dem Viertel Ludovisi[39] Platz zu machen, können wir sogar gelassen die Hässlichkeit einiger Palazzi des Rettifilo ertragen; auch weil einige von ihnen zumindest schlicht sind, denn glücklicherweise hatte der Architekt keine Fantasie; und manch ein Palazzo sieht sogar ganz elegant aus. Man sollte jedoch nicht so genau hinsehen, man sollte es vielmehr übersehen, und so lenkt die Lebhaftigkeit des großen Brunnens auf der Piazza della Borsa[40] vom berühmten und unkorrigierbaren Höhenunterschied der Gebäude in der Via Guglielmo Sanfelice ab, während der ehrwürdige Palazzo della Borsa, also die Börse, den Reisenden an wer weiß welche erstaunlichen Handelsgeschäfte und der luftige Telefon-Käfig[41] an ein dichtes Netz aus Telefonanschlüssen in der Stadt glauben lässt. Zum Glück verschweigen die Reiseführer diese Umstände; der Reisende sieht nur das Äußere; und die Inszenierung des Rettifilo, die ansonsten ganz gelungen ist, erzielt ihre Wirkung. Wenn dann ein neapolitanischer Bekannter, ein erfahrener Begleiter dem Reisenden erzählt, dass der Rettifilo den Bauch von Neapel in zwei Teile geschnitten hat, quer durch die vier Armenviertel Mercato, Vicaria, Pendino und Porto; dass dieser Rettifilo nicht nur angelegt wurde, um möglichst schnell und bequem zum Bahnhof zu gelangen; dass er nicht nur den Großindustriellen dient, die Woll- und Baumwollstoffe verkaufen; dass er nicht nur um einer sehr breiten Straße willen angelegt wurde, sondern im Namen der Hygiene, also aus zivilisatorischen Gründen entstanden ist, dann wird sein Eindruck immer besser werden. Der Rettifilo hätte Abertausenden von neapolitanischen Mitbürgern Luft, Gesundheit und Sauberkeit bringen sollen, bringen müssen. Seine Aufgabe, in Verwirklichung eines Ideals von bürgerlicher Nächstenliebe – auf Wunsch von Umberto I., Agostino Depretis und Nicola Amore[42] –, war es, Krankheit und Tod unter den Neapolitanern zu besiegen. Daher stellt diese Straße für alle empfindsamen Seelen ein herausragendes Symbol dar, ein Sinnbild der menschlichen Solidarität, die – ausgehend vom Thron, von der Staatsregierung und der Stadtverwaltung – die Notwendigkeit verspürt, dem Volk physisch und somit auch moralisch zu helfen, indem ihm die notwendigen Lebensgrundlagen verschafft werden, also Licht, Luft, Sauberkeit, Wohlbefinden, indem ihm Straße und Wohnung gegeben werden sowie die Möglichkeit, körperliche Gesundheit zu erlangen, zur Freude der Seele, indem das Volk somit vor Krankheit, Verfall, Epidemien und damit auch vor Unehrlichkeit und Laster geschützt wird. Nach dem Massaker durch die Choleraepidemie von 1884, nach dem Besuch des Königs in den Elendsquartieren und Bruchbuden, nach dem Schrecken, der die Seele der Oberschicht durchfuhr, war dies dem Willen seiner Urheber nach die Aufgabe des Rettifilo – des damals wie heute so genannten *Risanamento*, der Stadtsanierung –, einschließlich all der Verbreiterungen, Aufschüttungen[43] und Querstraßen. Der Rettifilo sollte die Neapolitaner retten. Und weil die Augen, die nicht viel sehen und nur flüchtig hinschauen, weil die Fragenden nicht immer von denen gehört werden, die die Wahrheit kennen, weil wir alle mit dem Makel der Eile behaftet und zudem an Oberflächlichkeit erkrankt sind, weil niemand die Zeit hat, das zu tun, was in der Welt notwendig wäre, und niemand den nötigen Willen aufbringt, all das umzusetzen, was es bräuchte, weil uns alles entgleitet, um gründlich zu sein, so können wir doch glauben, dass der Rettifilo dem neapolitanischen Volk wirklich das gegeben hat, was ihm fehlte, und das betrifft vor allem jene, die hier für einen Tag oder einen Monat zu Besuch sind!

Und doch würde diese Illusion einer aufmerksameren Betrachtung nicht standhalten. Beim zweiten, dritten, beim zehnten Mal, wenn Sie diese großartige Straße durchqueren und sich nach rechts und links umblicken, erkennen Sie die großen Risse in dem verführerischen Szenario. Ein wuchtiger, pompöser, rötlicher Palazzo protzt mit seinen hundert Fenstern. Und gleich daneben entdecken Sie eine Lücke, ein niedriges Mäuerchen zieht und zieht sich, ein Mäuerchen, an dem seit vielen Jahren fröhliche Werbeplakate kleben; und hinter diesem Mäuerchen, sehr viel weiter dahinter, erheben sich unzählige schmutzige, verfallene, elende Häuser, in allen Größen, gezeichnet von den Stigmata der Armut und des Lasters. Dann endet es: Der nächste moderne Bau versucht Ihnen den Anschein von Zivilisation zu bieten, aber sobald Sie es bemerkt haben, versuchen Sie, sich die Flanken und die Rückseite genauer anzusehen; denn gleich dahinter, nach acht, höchstens zehn Metern, ist da schon wieder eine Ansammlung von Rattenlöchern, aus deren Fensterchen die verschlissensten Lumpen hängen, vielleicht neben einem malerischen Basilikumtopf und einer Melone in einem Binsengeflecht. So geht das acht, fünfzehn, zwanzig Mal zu beiden Seiten; vor allem, wenn man geradeaus zum Bahnhof geht, offenbart Ihnen dieser zerrissene Vorhang plötzlich hässliche, ekelerregende, widerliche Dramen: Eine schimpfliche Bemerkung, aber so ist es. Und vergeblich versuchen Sie, Ihren Traum von einer majestätischen und reichen Straße weiterzuspinnen, von einer edlen und reinigenden Straße, von einer Straße, die sowohl der Gesundheit als auch dem Glück und der Zufriedenheit des Volkes dienen soll. Die ständigen Lücken zwischen den riesigen Neubauten, die alten, schmutzigen Behausungen ganz in der Nähe, gleich nebenan, nicht weit entfernt, sofort dahinter, haben Ihnen den schönen Schein zerstört. Suchen Sie die Querstraßen, die links davon – von den Vierteln, die höher als der Rettifilo liegen – durch das Sanierungsgebiet, das bei Santa Maria la Nova beginnt und sich bis zu den Banchi Nuovi, San Giovanni Maggiore, Mezzocannone und Università zieht, bis zur Annunziata und nach Capuana führen sollten, und Sie werden nur zwei von zwanzig Straßen finden, die um Sedile di Porto herum fertiggestellt sind. Alle anderen sind erst angedeutet, sind Wegstücke von acht bis zehn Metern, mit klingenden Namen von berühmten Mitbürgern – ebenfalls von meinem Vorfahren Francesco Serao[44]! – aber mehr auch nicht, und nach diesen zehn Metern gelangt man in einen kleinen Hof zwischen alten, nicht abgerissenen Häusern, ein Hof, in dem es nicht weitergeht und der den Blick brüskiert. Suchen Sie die schönsten Querstraßen, die vom Rettifilo geradewegs zum Meer führen und dabei nacheinander die Viertel Porto, Mercato und Vicaria sanieren sollten. *Von zwanzig dieser Querstraßen ist nur eine vollständig fertig*. Einige andere, vier oder fünf, sind wie die auf der linken Seite gerade einmal begonnene, seit Jahren verlassene, unsinnige Sackgassen, an deren Ende, aber gar nicht mal so weit hinten, sich das gleiche Drama aus uralten, halbverfallen, baufälligen schwärzlichen, grünlichen und gräulichen Häusern zeigt. Danach kommt nichts mehr. Abgesehen von den Gässchen, die mithilfe von steilen Treppen, nur gesichert durch primitive Geländer, beängstigende Höhenunterschiede überwinden. *Hinter* dem Rettifilo liegen also nur gewundene kleine Straßen, dunkle Gässchen und Kreuzungen, an denen zwei oder drei abschüssige Gassen aufeinandertreffen; sie ergeben ein sonderbares und groteskes Bild, neben, ja, neben den herrlichen Höhen der Neubauten. Und gegen Ende des Rettifilo, wenn sich die letzten wunderbaren Ausläufer Ihrer Illusion verflüchtigen, fragen Sie sich, ob Sie nicht Opfer einer Halluzination geworden sind, ob ein Teil des Gesehenen nicht gefälscht ist, denn der Kontrast ist viel zu stark, denn es kann ja nicht wahr sein, dass sich auf so wenigen Metern Anständiges und Unanständiges, Reines und Unreines, Pomp und unheilbares Elend, Luxus und niederträchtigste Armut drängen. Was ist gefälscht, was ist wahr? Sind vielleicht all diese dreckigen, stinkenden, zerfallenen Behausungen die Ausgeburt eines Albtraums, in dem sich Tristesse und Traurigkeit, Siechtum und Schande, Verbrechen und Tod zu multiplizieren scheinen? Wiederholen sich vielleicht jene Dramen, die Sie schon vor zwanzig Jahren, sei es als Mensch, sei es als Christ, erschaudern ließen, nun fälschlicherweise in Ihrer Erinnerung, in Ihrer Fantasie, so, wie es in Momenten unserer seelischen Schwermut und unserer körperlichen Schwäche geschieht? Oder ist vielleicht der andere Teil gefälscht, also das moderne Erscheinungsbild des Rettifilo mit seinen Palazzi, die gern prächtig sein wollen, aber zumindest neu, sauber, solide und groß sind und dem Traum angehören? Sind sie vielleicht nicht doch nur ein langer Vorhang, auf den ein geschickter Bühnenbildner mit breiten Strichen eine Reihe majestätischer Gebäude gemalt hat? Doch dann gibt es – man weiß nicht, wie, man weiß nicht, warum – in dieser Kulisse immer wieder große Lücken, die Einblick in die Dunkelheit und den Schmutz der Bühne geben, wo alles ranzig, stinkend und ekelerregend ist. Oder sind diese Häuser vielleicht aus Pappmaché und bemaltem Holz, wie jene, die ein Kind vorsichtig aus einer Schachtel zieht und sie im rechten Winkel auf einem Brett aufbaut? Entfaltet sich vielleicht rechts und links vom Rettifilo ein bizarrer Paravent, dessen Teile nicht gut, vielmehr gar nicht verbunden sind, und dieser Paravent schafft es nicht, das zu verbergen, was man nicht sehen soll?

Und lassen Sie Ihre forschenden Augen dann von den Dingen zu den Personen des Rettifilo wandern, lassen Sie sie wandern, um das Rätsel so gut und so schnell wie möglich zu lösen. Durch diese mächtige neapolitanische Arterie fließt zu jeder Stunde lebendiges Blut. Menschenmassen durchqueren unablässig den Rettifilo, zu Fuß, in der Kutsche, in den *Trams*, vor allem bis zur Piazza Depretis, sie kommen und gehen aus beiden Richtungen der Via Duomo. Menschenmassen jeglicher Couleur und manchmal auch Massen an vornehmen, gut gekleideten Herrschaften, die Männer mit goldenen Uhrketten an der Weste, die Frauen mit Geschmeiden im Dekolletee. Die ganze Welt kommt, geht, kehrt zurück, verschwindet, eine bunte, vielgestalte, vielselige Welt. Wenn Sie es gewohnt sind, Gesichter und Mienen in der Menge zu unterscheiden, wenn Sie das glühende und schmerzliche Geheimnis der Intuition besitzen, so werden Sie auf dem Rettifilo Personen und Gesichter finden, die Sie überraschen und vielleicht erschüttern. An den Kreuzungen der Gassen, an den Übergängen, an dieser schicksalhaften Grenze zwischen Alt und Neu und sogar in den wenigen und mangelhaften Hauptstraßen finden sich immer Menschen, denen die Kriminalität ins Gesicht geschrieben steht und deren Ausdruck nicht lügt. Da lungern Bettler beiderlei Geschlechts und jeden Alters herum, aber die Bettelei ist schamlos und abstoßend, und dort stehen auch – seltener am Vormittag, sehr viel öfter nachmittags und besonders oft abends – die unglückseligen Frauen aus dem Volk, die das bedauernswerteste und grausamste Gewerbe überhaupt ausüben. So bevölkern Laster, Elend und Verbrechen beide Seiten dieser prächtigen Straße. Die vielen vorbeiziehenden Leute sehen nicht genau hin, achten gar nicht darauf. Aber zwei, drei Mal am helllichten Tag stürzt sich ein Dieb auf einen *Ehrenmann*, auf eine Signora, mitten auf dem Rettifilo zwischen Tausenden von Leuten, und entreißt ihm die Uhr, entreißt ihr die Ohrringe; der Beraubte schreit, der Dieb rennt in ein Sträßchen, biegt in eine Sackgasse und ist verschwunden; die Menge lärmt, es gibt keine Wachleute, die Bettler schreien … und eine der lasterhaften Frauen gibt einen falschen Hinweis, weil sie vielleicht eine Geliebte, eine Freundin, eine Schwester des Diebs ist, immer aber eine Komplizin. Ob das Opfer nun zu Fuß oder in der Kutsche unterwegs ist, der Dieb schlägt zu, ohne sich erwischen zu lassen, und verduftet wie eine Wolke in einer der Gassen. Und einige dieser Straßen haben einen schicksalhaften Ruf, wie die Via di Santa Candida am Anfang des Rettifilo. Nach neun Uhr abends wird der Abschnitt des Rettifilo zwischen der Piazza Depretis und dem Bahnhof nur von wenigen Menschen frequentiert. Und trotz der großen elektrischen Laternen ist dieser Straßenabschnitt einer der gefährlichsten der Stadt und selbst die Mietkutscher treiben auf dem Weg zum oder vom Bahnhof ihre lahmenden Pferde an, denn sie wissen, dass ihr Fahrgast möglicherweise oder ganz gewiss Opfer eines Überfalls werden kann. Denn zu dieser Zeit sind dort nur Diebe, Camorristi, Verurteilte und Frauen mit zweifelhaftem Ruf unterwegs. In der prächtigen Straße: der Straße der Gesundheit und der Erlösung des neapolitanischen Volkes!

Ach, sie ist also einfach nur ein Paravent, doch ein leichter, zerbrechlicher und grober Paravent, ein Paravent, der dem, der alles wissen will, all das, was dahinter an Erbärmlichen und Schrecklichen liegt, nichts verbirgt! Und ein weiteres Mal werde ich Ihnen erzählen, was ich dahinter gesehen habe, getrieben von der traurigen und anhaltenden Neugier, vom verzweifelten Mut und der beklommensten Angst meines bescheidenen, doch treuen neapolitanischen Herzens!

Hinter dem Paravent

Beginnen wir damit, was sich alles *hinter dem Paravent* befindet, links vom Rettifilo, wenn man vom Stadtzentrum aus Richtung Bahnhof geht. Und betrachten wir, ob so saniert wurde, wie es die einfache und edle Idee derjenigen vorsah, die das neapolitanische Volk vor Schmutz, Laster, Krankheit und Tod schützen wollten. Diese Seite ist weniger schrecklich, wenn man sie Schritt für Schritt, beginnend an der Via Guglielmo Sanfelice, am prächtigen und verlassenen Palazzo della Borsa bis zur Annunziata abläuft. Und dennoch! Sobald man hinter dem Paravent hinauf und hinunter läuft, gibt es in Richtung Universität, abgesehen von zwei oder drei Querstraßen, von der nur eine vollendet ist, zwei zur Hälfte fertig sind, andere einfach nur aufgerissen wurden und die letzten noch nicht einmal angedeutet sind, noch unzählige alte, enge, dunkle und schmutzige Gassen. Es ist die Seite, die weniger erschreckt, die weniger ekelerregend stinkt. Und dennoch! Die dunklen und tückischen *gradelle* von Santa Maria la Nova sind geblieben; die alten Stufen führten einst zum Cerriglio, jetzt gelangt man über sie zur Piazza della Borsa; intakt sind die schmalen, schwarzen, erdrückten und erdrückenden Gradelle von Santa Barbara, mit ihrer langen Sackgasse, die es seit zweihundert Jahren gibt, und denen zwanzig

Jahre Gebäudesanierung in unmittelbarer Nachbarschaft nichts anhaben konnten; die Gradelle von Santa Barbara, berühmt für ihren *tarallaro*, den beliebten Kringelbäcker, aber auch für das tägliche und nächtliche Laster, das dort in den tiefsten und traurigsten Spelunken herrscht; es scheint, dass sich hier nichts geändert hat. Meine Augen haben bei dieser langen Erkundung die Frauen an den Ecken dieser Sackgassen gesehen, die Röcke gerafft, in hochhackigen Schuhen und roten Strümpfen, die Wangen voller Schminke, während in ihren Augen tödlicher Stolz und tödliche Traurigkeit lagen, die typischen Zeichen der Sünde und des Lasters der neapolitanischen Frauen. Das ist die bessere Seite hinter dem Paravent, die ansteigenden Straßen führen zu den bürgerlicheren Vierteln, zu den Kaufmanns- und Handelsvierteln hinauf, nicht zu den Armenvierteln hinab, und ihr Anblick erregt keinen so besonderen Abscheu. Und dennoch! Wurde im krummen, steilen, gewundenen schwarzen Gedärm des Vico di Mezzocannone auch nur ein Stein angerührt? Ah, hier wurde nichts verändert, und all die fantasievollen, aber herzlosen Leute, all jene, *die das Bunte* zulasten der Zivilisation und des Anstands lieben, all jene, die den *Charakter* lieben und kein Mitgefühl mit den Sterbenden aufbringen, trösten sich damit, dass der Vico di Mezzocannone respektiert wurde und wahrscheinlich niemals angerührt wird! Und so liegt er da, dunkel, stinkend, gefährlich bei jedem Schritt, gefährlich für saubere Röcke und Schuhe, mit seinen Häusern ohne Luft und Sonne, seinen Läden, die wie

Kellergeschäfte wirken, wo die Färber, Weinverkäufer und sogar die Weißnäherin für Kirchenornate, die Seiden- und Goldstickerinnen auf der Straße arbeiten. Da thront der geschmacklose König des Mezzocannone[45] auf einem alten Brunnen, da quert ein anderer Abgrund die Gasse und bildet die Gradelle von San Giovanni Maggiore: Das ist unser wahrer Vicolo di Mezzocannone; man hat ihn belassen und wir können ihn immer noch mit gerümpfter Nase durcheilen. Der Risanamento hat nicht gewagt, so weit zu gehen. Er wird niemals so weit gehen!

An der Vorderseite des Rettifilo wird die Fassade der neuen Universität gebaut, nicht besonders schön, während die alte, verschwundene Universität Größe und Charme hatte. Man baut und Studenten, Professoren und Wissenschaft werden prächtig untergebracht werden, wenn alles vollendet ist. Und die Via San Marcellino? Was ist mit den anderen gedärmartigen Gassen dieser Gegend, wo Leute leben und verkehren, wo Menschen sich drängen, und mit allen anderen umliegenden Sträßchen des Rettifilo? Alles, was zum *wahren* Sanierungsgebiet gehörte, warum, warum ist das nicht saniert worden? Man hat fast das gesamte Geld ausgegeben und das wenige, das übrig ist und mit Mühe gerettet wurde, wird gerade noch ausreichen, um die zwei Flanken rechts und links des Paravents zu vollenden, und für all das andere, was sich *dahinter* befindet, kann man nichts tun? Nichts liegt uns mehr am Herzen als die äußeren Verzierungen unserer geliebten Stadt und wir lieben es, dass es einen majestätischen

Palazzo della Borsa gibt, auch wenn darin keine Geschäfte gemacht werden; wir lieben den großen luftigen Telefon-Käfig auf dem hohen Palazzo an der Piazza, obwohl es nur sehr wenige Anschlüsse in einer Stadt mit sechshunderttausend Einwohnern gibt; wir lieben den Gedanken an eine brandneue Universität mit Kliniken und wissenschaftlichen Laboratorien, gedrängt voll mit den genialsten und sympathischsten Mitgliedern unserer Gesellschaft, den Studenten: Ja! Aber dass nebenan, nur wenige Schritte davon entfernt, ein Teil des Volks, für den man die hygienische Stadtsanierung doch wollte, in Schmutz, Elend, Kaschemmen und Höhlen lebt, dass dieser Teil des Volks, dem man hundert Millionen zugedachte, nach einem Leben hinter völlig neuen Palazzi an Infektionen stirbt, erfüllt unser Herz mit Kummer und Bedauern und lässt das majestätische Äußere der Neubauten, hinter denen Fäulnis und Wundbrand wuchern, wie spöttische Ironie wirken!

Aber die wahre *via crucis* für den mitfühlenden Fußgänger und Beobachter ist das Abschreiten all dessen, was rechts vom Rettifilo hinter dem Paravent liegt, wenn man vom Zentrum aus Richtung Bahnhof geht, beginnend an der Via Nicola Amore bis zur Piazza Mercato und von dort weiter bis zur Porta Nolana. Rechts der Via Nicola Amore verläuft nur ein langes, niedriges Mäuerchen und all die uralten Häuser, zwischen denen die Via Porto mündete, stehen noch da, hoch, mächtig, drohend, und trotzen seit Jahren der Spitzhacke, die sie nicht anrührt, die sie vielleicht niemals anrühren wird! Dort gibt es nicht mal einen Paravent. Dort thronen – wie Geister des Elends und der Schande – die Häuser von Basso Porto, Behausungen unerhörter Armut, Schlupfwinkel für Verbrechen und Verbrecher, Heimstatt aller niederträchtigen Personen und schmerzhaften Umstände. Sehen Sie hin! Sie müssen nur nach rechts blicken, wenn Sie vorbeigehen, und der Basso Porto wird Ihnen offenbaren, dass alles vergeblich, erfolglos, unnütz war; wie viel man tun wollte und nicht getan hat, wie viel man nicht hat tun wollen! Aber seien Sie gnadenlos neugierig und steigen Sie dort hinunter. Ich meine es genauso: Gehen Sie den ganzen rechten Teil des Rettifilo hinunter. Die Auffüllungen sind ein Fantasieprojekt geblieben und wurden nie ausgeführt. Dort hinunter gelangt man auf den einfachsten, unsichersten, tückischsten und gefährlichsten Wegen. Provisorische Holztreppen sind leider endgültig geworden; Steintreppen, schlecht verbundene Stufen, die unter den Füßen erzittern; Tritte wurden in den Boden gehauen, ja, in den Boden, wie in manch afrikanischem Dorf; gestufte Rampen, Rampen aus Erde; steile und rutschige Abhänge. Alle Arten des Abgrunds gibt es dort, nur einen Steinwurf von den großen Palazzi entfernt. Hier und da ein dürftiges Geländer; lehnt man sich dagegen und schaut hinunter, meint man, in eine Grube, in einen Schacht zu blicken.

Der Höhenunterschied macht Angst. Die Auffüllungen müssten bis zum ersten Stock dieser Bruchbuden reichen. Aber im Erdgeschoss, in den ersten

Stockwerken wohnen Menschen, haben ihre Werkstätten, leben und sterben dort; und so wird es noch viele Jahre lang sein, wenn nicht gar für immer! Der erschreckende Höhenunterschied zieht sich vom Hafen bis nach Vicaria, bis Mercato, bis zum Ende, und am Ende dieser Gruben, am Ende dieser Schächte, am Ende dieser Untergeschosse gibt es all das, was es vorher auch schon gegeben hat, nur noch schlimmer! Die alten Kunsthandwerker, die Goldschmiede, die Büchsenmacher, die Lanzenschmiede, die Taftweber arbeiten dort in ihren kleinen ungesunden Werkstätten, in Dunkel und Elend. Dort gibt es noch die alten, zwischen den Häusern versunkenen Gassen, die alten, gerade einmal fünfundsiebzig Zentimeter breiten Türen und die alten Fenster mit den schmutzigen Scheiben; es gibt die alten Übergänge, an denen sich die alten, zusammenfallenden Häuser scheinbar abstützen, und die alten Sackgassen, Halden für jeglichen Unrat. Alles, alles ist so geblieben, wie es war, so dreckig, dass es einen ekelt; kein Straßenkehrer kommt hier vorbei, kein Schutzmann dreht hier seine Runde.

Alles spielt sich auf den kleinen Plätzen und in den Gässchen ab. Die Leute verkaufen alles Verkaufbare, Gemüse, Obst, Fleisch, Fisch im ewigen Schlamm der Straße. Es gibt noch die alten Gasthäuser, in denen Nudel- und Bohnensuppen angeboten werden, hunderte von frittierten Frittüren, von Panzarotti bis Paprika, Salate aus Scapece, Soffritto, Portionen zu zwei, drei Soldi, sogar zu einem Soldo. Wie damals! Schlimmer als damals! Wenige Schritte vom Rettifilo entfernt finden sich Töpfe mit Kartoffeln, mit Tintenfischen, mit gekochten Maiskolben, Töpfe voller Kastanien, und beißender Geruch strömt aus diesen Garküchen, aus den kleinen Öfen der Goldschmiede und Büchsenmacher, aus den Kesseln der Färber! Alles so schön bunt? Schon, aber fürchterlich! Ich erinnere mich vor allem an drei Punkte. Es gibt ein kleines Gebiet, genannt *Tentella*[46]: Ein Geflecht aus sich schlängelnden, schwarzen Gassen und Gässchen, in das nie Mittagslicht fällt, in dem die Sonne niemals scheint, wo sich auf der Erde seit Jahren der Kot sammelt, wo der Unrat in großen Haufen in jeder Ecke liegt, wo alles dunkel und alles rutschig ist, wo an einer kleinen Kreuzung, von wo aus man im Halbdunkel noch den Fondaco Tentella sieht, eine Wirtin mit dichtem schwarzem Haar steht; diese Wirtin verkauft dort jede Art von Essen auf großen glänzenden Kupfertellern, von frittierter Fragaglia bis zur Spiritosa aus Pastinaken. Und kühn gehe ich bis zum Fondaco Tentella, die Wirtin ermutigt mich mit neapolitanischer Herzlichkeit, denn sie merkt, dass ich wegen all dieses Schmutzes entlang der feuchten Mauern und wegen des ekelerregenden Gestanks zögere. Sie ermutigt mich, während ich zögere und in diese Dunkelheit starre – dabei sind wir im Land des Azzurro, der Sonne! Ich starre auf ihr gelbliches Gesicht, ihre violetten Lippen, auf ihre schwarzen Zähne und erkenne darin all die Spuren jenes Lebens, das im Gestank und im dauerhaft ungesunden Umfeld versinkt, wo drei, vier Menschen in einem Raum leben, doch in was für einem Raum, wo sie tagsüber in einer verrauchten Küche steht, um übelriechende Speisen zum Verkauf zu kochen! Seit wie vielen Jahren ist kein Bürgermeister, kein Stadtrat hier gewesen? Seit wie vielen Jahren werden diese Gassen nicht gesäubert? Seit wie vielen Monaten nicht gefegt? All der Mist von Tieren, Menschen und Häusern liegt hier und niemand holt ihn weg, hier, an der Grenze zur neuen Zivilisation, hinter den prächtigen Palazzi! Wenn Sie dort hingehen, suchen Sie den Vicolo Barre. Er ist eine der Auffüllungen, die nicht gemacht wurden, eine der Querstraßen, die nicht geöffnet wurden. Es handelt sich um eine sehr enge, sehr lange Gasse mit hohen Häusern, voller Balkone und Fensterchen. Die zwei Straßenseiten sind mit Überführungen, Stein- und Holzbrücken verbunden, die die Dunkelheit noch verstärken. Zwischen den zwei Straßenseiten sind zudem Leinen gespannt, an denen bunte Wäsche hängt, geflickt und ausgeblichen. In diesem sehr langen Vicolo Barre, dessen kleine Hauseingänge wie Höhlen wirken, gibt es nicht eine Laterne. Er ist ein Sündenpfuhl aller Arten von Niederträchtigkeit. Und es ist gefährlich, ihn zu durchqueren, selbst am Tage, denn hier wohnen ruchlose Frauen, Camorristi und Diebe. Doch der Schrecken, den Sie empfinden werden, wird nicht nur physisch sein, Sie werden eine jener moralischen Entmutigungen verspüren, die tiefe Traurigkeit hervorrufen. Und falls Sie ein Kapitel in einem Unterhaltungsroman schreiben wollen, dann erkunden Sie weit vor dem schrecklichen Vicolo Barre, sehr weit davor, den Vico dei Cangiani und seine Umgebung.

Er wird rechts und links von kleinen Gasthäusern gesäumt, wo man vier oder fünf Soldi für eine Übernachtung zahlt, wo man zu viert oder fünft in einem Zimmer schläft. Diese Gasthäuser haben eine besondere Kundschaft, die der Fuhrleute aus Kalabrien, der Basilikata, dem Cilento, der Terra di Lavoro[47], all jene, die im Volksmund *vaticale* genannt werden (das Wort leitet sich von *viatico* ab, die »Wegzehrung«). Diese Bauern lungern tagsüber in den Eingängen der Lokale zu vier Soldi herum; in ihrer schweren Landarbeiterkleidung, mit ihren seltsam geformten Hüten und in ihren Umhängen sitzen sie auf der Erde, sitzen auf einem Stein, warten darauf, wieder loszuziehen. Ich habe diese Gasse durchquert, habe angehalten und die düsteren, ausdruckslosen Gesichter betrachtet, die geduldig Mühen und Unbill ertragen, die stummen Lippen. Ich habe lange Minuten in dieser schummrigen, völlig unbefestigten Gasse verbracht, voller Schmutzwasser und klebrigem Schlamm, in dieser so trostlosen Gasse, die einem Grab gleicht; an einem gewissen Punkt überkam mich dann der Fluchtinstinkt, um all das nicht mehr sehen, nicht mehr hören zu müssen, um dieses Drama der bittersten Enttäuschung in meinem neapolitanischen Herzen nicht mehr ertragen zu müssen, um die unbekannten Leiden der anderen, die von niemandem getröstet werden, nicht auch erleiden zu müssen, denn hinter den prächtigen Palazzi leben und sterben dort unten diese einfachen, vergessenen, verschmähten und verachteten Menschen!

Und am Ende, wissen Sie, was geschehen ist? Weil das Volk nicht im Rettifilo wohnen konnte, wo die Mieten sehr hoch sind, wo die Querstraßen fehlen, wo es keine *echten Häuser für das Volk* gibt, wurde es hinter den Paravent getrieben! So drängen sich noch mehr Menschen auf noch weniger Raum. Eine Bestandsaufnahme könnte Ihnen verraten, dass die gesamte Prachtseite des Rettifilo kaum bewohnt, und alles, was dahinter liegt, unglücklicherweise noch überfüllter ist. Wo vorher acht Menschen lebten, sind es nun zwölf. Der Platz ist weniger geworden, aber die Zahl der Menschen ist gestiegen. Der Rettifilo hat dem neapolitanischen Volk mehr geschadet als genutzt! In diesem Gewirr, das sich von Porto bis Mercato und Vicaria zieht, drängt sich eine erschreckende Menge an Menschen. Es gibt nur wenige Wasserbrunnen und die Häuser, die abgerissen werden sollten (?), fehlen. Es gibt keine ordentliche Kanalisation und keine Laternen, auch wenn der Zustand der Straßen extrem schlecht ist. Alles, was man zum Leben braucht, fehlt dort. Sollte es irgendwann einmal zu einer Epidemie kommen, wird es unmöglich sein, sie einzudämmen, sie zu besiegen. In diesen Vierteln würde sie erneut ein Massaker anrichten wie vor nunmehr zwanzig Jahren. Doch unsere Bauherren wissen nichts davon. Niemand will etwas wissen. Und das Volk wurde betrogen, denn es hat nicht bekommen, was die Nation ihm geschenkt hatte, um es hygienisch und moralisch zu erlösen, dieses verlassene Volk weiß das, es lacht ein bisschen darüber, seufzt ein bisschen, knirscht ein bisschen mit den Zähnen; dieses große Volk, das wir lieben sollten, das wir lieben, weil wir uns mit ihm verwandt fühlen, denn auch wir gehören zum Volk, weil auch wir Kinder des einen gerechten und gnädigen Gottes sind, widersteht nicht den uralten Instinkten, dem Bedürfnis nach seiner ureigenen Lebensweise und dem Bedürfnis nach Rache an dieser undankbaren und verräterischen Gesellschaft. Es widersteht der Verführung des Lasters und des Bösen nicht: Es spielt, es stiehlt, es verkauft sich, es verletzt und tötet. Und dort, bei Tag und bei Nacht, gleich hinter dem Paravent oder auch im Rettifilo selbst, nehmen Verbrechen und Betrug zu, erblühen und werden zum ewigen Vorwurf, zum ewigen Gewissensbiss jener, die dem König, Agostino Depretis, Nicola Amore, Guglielmo Sanfelice[48] und der von Schrecken und Mitleid bewegten Nation gegenüber nicht Wort gehalten haben, die ihren eidesstattlichen Vereinbarungen nicht nachkamen und all ihre Versprechen brachen, indem sie das neapolitanische Volk in tiefster körperlicher und seelischer Trägheit dahinsiechen, sich verzehren, leiden und sterben lassen.

Die Häuser des Volkes

Eine noble, gnädige, aber trügerische Utopie all derer, die das neapolitanische Volk vor Elend, Laster, Verbrechen und Tod retten wollten oder wollen, war die, diesem Volk eigene Unterkünfte zu geben. Tatsächlich kann es kein größeres Mitleid und keinen größeren Abscheu angesichts dieser Bassi geben, in denen das Volk lebt, und zwar schlecht lebt; die Bassi in den dunklen, bedrückenden, engen Straßen und Gassen, den hundert Gassen, den tausend Gassen, werden zu heimlichen Elendsquartieren, quasi zu Höhlen, in denen es vor kleinen, großen und altersschwachen Menschen nur so wimmelt. Der Basso ist eine rudimentäre Werkstatt, meist ein Erdgeschossraum ohne Fenster, ohne Abort, ohne einen anderen Zugang als die eine meist schmale Tür, die im Winter geschlossen bleiben muss und die in der Nacht nicht offenstehen darf. Doch sobald der Frühling kommt, ziehen die Bewohner auf die Straße, auf den Bürgersteig. Sie leben auf der Schwelle, jenseits der Schwelle, besetzen den öffentlichen Raum mit ihren Kindern, ihren Kochstellen und Bügeleisen, mit ihren Nähmaschinen, wenn nicht gar mit ihrer Flickschusterwerkbank, mit ihren Verkaufsständen für Kastanien und gekochte Maiskolben. Im Basso schliefen – schlafen! – drei, vier, bis zu sieben Personen und in den Sommernächten ziehen zwei, drei von ihnen, weil sie unter der Hitze leiden, einen Bettsack vor die Tür, stellen einen Stuhl auf oder legen sich sogar auf das Pflaster und schlafen unter freiem Himmel. Da es keine Aborte gibt, suchen sich diese Personen, große wie kleine, eine verlassene Ecke, nah oder fern, die zu ihrem *water closet* wird; manchmal begleiten die Mütter die kleinen Jungen und Mädchen, damit sie nur nicht gestört werden. So haben sich viele Straßen von Neapel tatsächlich in ein *water closet* verwandelt, unweigerlich vererbt vom Vater auf den Sohn, ohne dass diese unwürdige, unanständige Barbarei ausgemerzt werden könnte. Ich erwähne hier – und man möge mir die brutale, aber nötige Eindringlichkeit verzeihen –, dass auch der Anstieg von Paggeria, die Rampe Brancaccio und leider auch der überaus elegante Parco Margherita sowie die prächtigen Seitenstraßen der Via Partenope, von denen aus man einen göttlichen Blick auf Meer und Himmel hat, zu diesem Zweck missbraucht werden. Ich nenne hier nur diese vier, fünf Straßen, weil sie – es ist traurig, das zu sagen – in den zivilisierteren Vierteln Neapels liegen, nämlich in San Ferdinando und Chiaia; diese wiederum gehören zum berühmten Rione della Beltà, in dem der Adel wohnt und die Fremden übernachten. Von den verpesteten und verpestenden Gassen und Gässchen in den Armenvierteln spreche ich gar nicht erst; ich müsste Hunderte aufzählen. Das ist hässlich, aber die Wahrheit. Daher hat sich jeder Retter von Neapel, haben sich also alle Retter Neapels gedacht oder gesagt: Wir geben dem neapolitanischen Volk Wohnungen im ersten, zweiten, dritten oder vierten Stock; kleine, saubere Wohnungen, mit einer kleinen Küche, einem Anschluss an den Serino[49] und einem Abort; wir geben ihnen luftige und sonnige Wohnungen, wo sie bequem arbeiten und reichlich trinken können und wo der elementarste Anstand und die elementarste Hygiene respektiert werden. Und das wurde getan; drei oder vier große oder kleine Wohnviertel für das Volk sind entstanden, allerdings mit solcher Fahrlässigkeit, mit solch hochnäsiger Ignoranz, mit solch falschen Berechnungen, dass diese Viertel nichts bewirkt haben, gar nichts. Sie liegen in den Außenbezirken der Stadt und am Ufer von Santa Lucia, sind riesig, massiv, hässlich, bereits schmutzig und fast schon wieder verfallen, während das Volk noch nicht einmal dort wohnt!

Nehmen wir den Borgo Marinai, in Santa Lucia. Ein Ort, an dem seit zwanzig Jahren alle pittoresken und überaus schmutzigen Häuser des alten Rione Santa Lucia abgerissen werden sollten, Häuser, die, welche Ironie, erst seit einem Jahr abgerissen werden; man hatte sich gesorgt, wo die Krakenfischer, die Schwefelwasser-Verkäuferinnen, die Reusenflechter und die Taucher denn wohnen sollten, man dachte nach und man baute, auf einer Landzunge, die links neben dem Castel dell'Ovo beginnt, eine Reihe von einstöckigen Häuschen am Wasser. Sie kosteten und kosten noch immer achtzehn Lire für ein Zimmerchen mit Küche und siebenundzwanzig Lire für zwei Zimmerchen mit Küche. Welch ein Hohn! Welch ein Unsinn! Es gibt keinen Fischer, keinen Taucher, es gibt keinen Bootsführer in Santa Lucia, der mehr als fünfundzwanzig oder dreißig Soldi am Tag verdient; und sie sollen siebzehn Soldi am Tag nur für die Wohnung ausgeben? Es gibt keine Verkäuferin von Mineralwasser, Nüssen, faulen Früchten, Krapfen, Spassatiempo, die mehr als zwölf oder fünfzehn Soldi am Tag verdient, wenn sie denn etwas verdient; und falls sie allein ist, falls sie Witwe ist, falls sie vom Ehemann verlassen wurde, wie soll sie da siebzehn Soldi am Tag für die Miete bezahlen? Kurz gesagt: Kein einziger Luciano, keine einzige Luciana ist in den Borgo Marinai gezogen. Nicht einer, nicht eine! Sie haben stur ihre alten, heruntergekommenen, schmutzigen Behausungen vorgezogen, die seit achtzehn Jahren auf die Spitzhacke warten, für die sie aber im Monat nur neun oder zehn Lire Miete zahlen – *das ist ALLES, was das neapolitanische Volk zahlen kann, NEUN oder ZEHN LIRE im Monat!* Doch in den vergangenen beiden Jahren haben sie sich langsam in andere Bruchbuden zurückgezogen; vertrieben von den Abrissbrigaden sind sie nachts aber zurückgekehrt und kehren weiterhin zurück, um in den Ruinen zu schlafen; sie werfen sich vor den Abrissleuten auf die Knie, um nicht von Schutzmännern oder Carabinieri bestraft zu werden, und sie weinen und rufen und schreien, denn sie wollen nicht weg, sie können nicht weg, und einige von ihnen, o höchstes Mitleid, wohnen nun in den Höhlen, die den Monte Echia[50] oberhalb von Santa Lucia durchlöchern; und manchmal bricht eine dieser Höhle über den Köpfen, über den Leibern dieser armen, schlafenden Luciani zusammen und tötet sie. Und zur selben Zeit funkelt gegenüber, unterhalb des Castel dell'Ovo, der Borgo Marinai in Lichtern, die sich im Meerwasser spiegeln. Wer wohnt da, wer lebt da überhaupt? Maler, die sich diese Wohnungen als Studio auserkoren, denn der Ort ist pittoresk; manch eines ihrer Modelle; Tänzerinnen oder *Chanteusen* des nahegelegenen Café Chantant[51] dell'Eldorado, die sich dort für einen Monat, für vierzehn Tage ein Zimmerchen mit Küche mieten; manch leichtes Mädchen mit wenig Geld und andere kleine Leute, jedoch niemand aus dem Volk. Was die Werkstätten angeht, die auf einem breiten Zipfel lagen, sie alle wurden in große und kleine Osterien verwandelt; manche sind sehr teuer, andere verlangen mäßige Preise, wieder andere sind echte Tavernen, dort atmet man die stickige Luft der mehr oder minder schlechten Küchen und in den kleinen Hafen kippt man all die Abfälle dieser Tavernen; und das ärgert, betrübt und stört die beiden eleganten Ruderclubs am Ufer gegenüber. Auf jeden Fall ist der Borgo Marinai belebt, fröhlich und kurios, doch völlig nutzlos für den heiligen Zweck, dem er dienen sollte. Die Luciani stehen auf der anderen Seite, werden von einer Behausung in die nächste getrieben, von Ruine zu Ruine, von Höhle zu Höhle. Doch später, wenn alles, wirklich alles abgerissen ist, wo werden diese herrlichen, aber bettelarmen Menschen leben? Wohin werden diese stolzen, aber elenden Menschen gehen? Das weiß nur Gott!

Auch die Häuser für das Volk, die in Arenaccia, im Quartiere Orientale gebaut wurden, haben ihr Ziel völlig verfehlt. Der niedrigste Preis für jede dieser Unterkünfte liegt bei siebenundzwanzig Lire im Monat; zwei Monatsmieten müssen im Voraus gezahlt werden, so ist es festgelegt, also vierundfünfzig Lire; oder man benötigt einen kreditwürdigen Bürgen. Doch vor allem, wo findet man einen *echten* Menschen aus dem Volk, der siebenundzwanzig Lire Miete im Monat zahlen kann? Um diese Summe aufbringen zu können, muss ein Neapolitaner aus dem Volk mindestens zwei Lire fünfzig oder drei Lire am Tag verdienen. Doch dann ist er hier bei uns kein Mensch mehr aus dem Volk; er ist dann bereits ein Arbeiter, einer dieser Glücklichen mit einer erlesenen Arbeit. Besser gesagt: Er ist bereits ein Bürger und gehört somit zum Kleinbürgertum. Wo, wo ist der Mann aus dem Volk, der in seinem Leben *je* über vierundfünfzig Lire auf einmal verfügt? Wo, ja wo ist der Mensch aus dem Volk, der einen kreditwürdigen Bürgen findet? Ach, dass hier niemand, aber auch niemand versteht, dass unser Volk von Soldi lebt und nicht von Lire; es reibt seine Jugend, seine Gesundheit und seine Kraft in mühseliger Arbeit auf, die lächerlich bezahlt wird; und es ist auch noch glücklich, überhaupt eine solche Arbeit zu finden. Diese Leute, die niemand zu erziehen gedachte, geben ihr Geld instinktiv lieber für Essen aus als für eine Wohnung oder Kleidung und wenn man zwanzig Soldi oder mindestens fünfzehn hat, braucht man diese für das Mittagessen und den Rest für alles andere! Siebenundzwanzig Lire im Monat! Vierundfünfzig Lire im Voraus! Ein kreditwürdiger Bürge! Welch beleidigende Ironie! In den Häusern des Volkes von Arenaccia im Quartiere Orientale wohnen also, sagen wir mal, elegante Arbeiter und das gesamte Kleinbürgertum, kleine Angestellte, Verkäufer, Buchhalter, Amtsdiener, Sekretäre und sogar Gerichtsschreiber. Alle die, deren Familieneinkommen sich zwischen fünfundsiebzig und hundert Lire im Monat bewegt, ein Betrag, der in unserem Land schon ziemlich beachtlich ist. Bescheidene Bürger, Kleinbürger, zahlreich wie die Sterne am Himmel und die Sandkörner am Strand, ehrlich arbeitende Bürger, doch wie man sieht, für ihre Lebensbedingungen sehr arm. Bürger, nichts anderes als Bürger wohnen in den Häusern des Volkes, aber nicht das Volk, niemals das Volk! Und es geht weiter. Oft ist es diesen glücklichen Arbeitern, diesen obskuren Bürgern der anständigen Armut unmöglich, siebenundzwanzig Lire pro Monat zu bezahlen, weil es oft, nein, nicht oft, sondern immer Kinder gibt, und zwar oft, also fast immer, viele Kinder, denn die weibliche Fruchtbarkeit, die Fortpflanzung übersteigt in bestimmten Klassen alles und nimmt überaus patriarchale, aber auch erschreckende Ausmaße an. Und so kommt man auf die schlimmste und beste Lösung zugleich: Zwei Familien mieten eine Wohnung für siebenundzwanzig Lire, rücken zusammen, dicht an dicht, leben zu dritt, zu viert in einem Zimmer, teilen sich die kleine Küche und das war's dann mit Luft, Licht und Hygiene! Oft vermietet eine Familie ein Zimmer unter, an Studenten, an alleinstehende Männer, und das normale Leben besteht im ersten wie im zweiten Fall aus Zusammenballung und Kontakten, man lebt aufeinander, lebt erneut in Schmutz, Krankheit, Laster, Korruption und Verderbtheit. In diesen neuen Karawansereien da drüben, in diesen schon ganz verunstalteten Karawansereien, die wegen der Schmutzflecken an den Wänden und der beschlagenen Scheiben bereits heruntergekommen aussehen und aus deren Fenstern wie in den alten Vierteln die schlecht gewaschene Wäsche von zweifelhafter Farbe neben Tomatenrispen und Knoblauchzöpfen hängt, in diesen lächerlichen Karawansereien, die der körperlichen und moralischen Erholung des neapolitanischen Volkes dienen sollten, spielen sich jeden Tag schmerzliche Dramen bei jenen ab, die aus Armut und Niedergang kamen; es spielen sich groteske Szenen ab und man lebt dort schlecht, sehr schlecht, genauso wie man anderswo lebte; und statt einer Masse, die mit Opferbereitschaft, natürlicher Tugend und angeborener Ehrlichkeit die sittliche Würde wahrt, gibt es dort eine andere Masse, die ihre unbeherrschbaren und ungezähmten Instinkte mitgebracht hat, die niemand zu zügeln versuchte, die sich dort ein neues übersprudelndes, sittenloses Leben eingerichtet hat, genauso wie in den alten Wohnvierteln; diese Masse hat, selbst wenn sie nicht stiehlt, selbst wenn sie nicht mordet, denn die Brutstätten und Höhlen von Dieben und Mördern sind anderswo, den bürgerlichen und anständigen Leuten schließlich einen Hauch von niederer, unsittlicher, lärmender, ungehobelter, boshafter und abstoßender Bürgerlichkeit gegeben.

Das ist nicht das Volk! Das neapolitanische Volk ist in den alten Stadtteilen in seinen Bassi geblieben, in seinen Bassi der unsanierten Viertel, in den Bassi von Vasto, Arenaccia und dem Quartiere Orientale; es ist weder im alten Neapel noch im neuen Neapel in den ersten oder letzten Stock gezogen, denn es kann die Preise nicht zahlen, nicht einmal die niedrigsten, weil die Bauherren nichts wussten, alles ignorierten und somit gut spekuliert haben, denn all diese Wohnungen sind, wie gesagt, vermietet. Doch ich wiederhole es und werde es immer weiter wiederholen: Das neapolitanische Volk hat sich aus seinem Basso nicht fortgerührt, wo auch immer sich dieser Basso befindet, sei er eine annähernd saubere Werkstatt oder ein dunkles ungesundes Loch.

Und so sind leider – man muss es sagen – all die großen Ideen der großen Männer, all die umfassenden Projekte, die Millionen-Projekte, all die kolossalen Unternehmungen, die die hygienische und moralische Sanierung Neapels im Sinn hatten, gescheitert. Aber gibt es wirklich keine Abhilfe? Kann man nichts weiter tun? Gar nichts, angesichts all dieser Tristesse, all der vielen Katastrophen, all der vielen sozialen Gefahren? Wer weiß! Wir werden sehen!

Was tun?

Wenn ich Zeitungen, Broschüren oder Bücher lese, die sich mit den großen neapolitanischen Fragen befassen, wenn ich die Entwicklungen der Verbände beobachte, wenn ich die Abstimmungen der Fachtagungen betrachte, wenn ich die Klagen der Hoteliers höre, erkenne ich darin ein beständiges, edles, bewundernswertes und ausschließliches Bemühen, Fremden den Aufenthalt in Neapel immer angenehmer zu gestalten. Sehr gut! Hervorragend! All diese Anstrengungen wollen die große kosmopolitische Welt, die im Winter in Kairo und Nizza unzählige Vergnügungen vorfindet, hierher locken; jedoch nicht wegen des Zaubers einer unbeschreiblichen Landschaft, nicht wegen des angenehm milden Klimas oder wegen der Kultiviertheit und der anmutigen Atmosphäre; all diese beispielhaften Anstrengungen, die nicht nur unternommen werden, um die überaus reiche, überaus feine internationale Gesellschaft anzulocken, sondern sie auch hier bei uns zu halten, verdienen den größten und umfassendsten Zuspruch. Ja, entwickeln wir den Rione della Beltà, in dem es an den Ufern von Santa Lucia Nova bis nach Mergellina nur schöne Häuser, blühende Gärten, wundervolle Hotels und Künstlerwerkstätten gibt. Sorgen wir dafür, dass diese Straßen zwei, drei Mal am Tag gut gefegt werden und dass das Pflaster keine Gefahr für die Knochen der Fremden darstellt. Bestehen wir darauf, dass die Kutschen weniger klapprig, die Kutscher weniger zerlumpt und weniger schmutzig, und vor allem aber nicht so gierig und ungehörig gegenüber den Fremden sind. Vollbringen wir das Wunder, die ekelerregenden Bettler, die verhassten fliegenden Händler, die aufdringlichen Blumenverkäufer und viele andere noch niedere, noch zwielichtigere Individuen aus dem Rione della Beltà verschwinden zu lassen. Mögen die Kapitalisten einen *Kursaal* in Santa Lucia bauen, der im Winter für die Fremden und im Sommer für die Provinzler geöffnet ist. Mögen andere Kapitalisten ein *Palais de la jeteè*[52] am Kreisverkehr der Via Caracciolo erbauen, so schön und so pompös wie in Nizza. Und möge es noch andere, noch größere, noch beeindruckendere Attraktionen geben, die bereits, wir wissen es, in den Köpfen derer, die Neapel lieben, mit Leidenschaft geplant werden. Und möge zudem die Presse beider Welten es in alle Himmelsrichtungen herausposaunen, dass die Gesundheit und die Hygiene von Neapel erstklassig geworden sind, was die reine Wahrheit ist; möge man herausposaunen, dass die Sterblichkeitsrate im Vergleich zu anderen europäischen Hauptstädten und gegenüber Nizza und vor allem Kairo sehr niedrig ist, was der heiligen Wahrheit entspricht; möge man herausposaunen, *denn niemand im Ausland weiß es*, dass das Wasser von Serino das beste Wasser Europas ist, so wie es in allen Gesundheitsbulletins anhand von entsprechenden Analysen erklärt wird, und dass die Fremden also gar nicht auf all die Mineralwässer, von Saint-Galmier bis Apollinaris, zurückzugreifen brauchen, die anderswo getrunken werden und die sie auch hier bestellen, weil sie das Serino nicht kennen. Und möge sich der Zustrom von Fremden nach Neapel in jeglicher Hinsicht, in jeglicher Form verdoppeln, verdreifachen, möge man ihnen den Aufenthalt so angenehm wie möglich gestalten, auf dass sie Tage und Wochen hier verbringen, auf dass sich ihnen bei ihrer Abreise eine unüberwindliche Sehnsucht in die Seele brennt, sodass sie in der Ferne, wenn sie selbst nicht zurückkehren können, doch ihre Verwandten, Freunde und Bekannten zu uns schicken. Das ist ein anständiges Unterfangen, ein schönes Unterfangen, auch wenn es zu sehr der Industrie-*Reklame* gleicht, auch wenn es genug Raum für Spekulationen lässt, auch wenn man dadurch geneigt ist, ganz Neapel immer mehr in einen riesigen *Palace* zu verwandeln, der sich vom Meer bis zu den blühenden Hügeln von Posillipo und Vomero zieht! Das, was in Nizza und Montecarlo unternommen wurde, hat der ganzen *Corniche*[53] von Menton bis Hyères Glück gebracht, und das, was man in Kairo unternommen hat, hat ganz Ägypten Glück beschert. Möge dieses gute Unterfangen, dieses heilige Unterfangen gelingen; und möge man in dieser so schönen und so armen Stadt, in dieser so entzückenden Stadt, in der man verhungert, in dieser Stadt von unbeschreiblichem Zauber, die Fremdenverkehrsindustrie in eine solch große, erfolgreiche und glückliche Form bringen, dass in Neapel Hunderttausende von Menschen davon leben können!

Doch gestatten Sie einer einzelnen und für ihre Stadt leidenschaftlich brennenden Seele wie meiner, einen Teil, nur einen winzig kleinen Teil davon zu erbitten, damit die hygienischen und moralischen Bedingungen des neapolitanischen Volks verbessert werden. Es werden keine Millionen benötigt: Denn die Millionen haben beim Projekt der Stadtsanierung versagt und natürlich will niemand noch mehr Millionen geben, wenn schon die ersten vergeudet wurden oder schicksalhaft verloren gingen, als würde eine geheimnisvolle Hand unser braves Volk behelligen.

Wir bitten im Namen des gerechten Gottes, der selbst mittellos über die Erde wandelte und wollte, dass alle Armen in seinem Namen aufgenommen würden, dass der körperlichen und geistigen Erlösung dieser Armen ein bisschen Aufmerksamkeit, ein bisschen Geld, ein bisschen Fürsorge von denen geschenkt werde, die dies tun müssen und können! All dies muss mit bescheidenen, aber hartnäckigen Vorstellungen vom Guten, mit einfachen, aber bestimmten Mitteln, mit demütiger, aber beständiger Hilfsbereitschaft geschehen. Verbannen wir die soziale Rhetorik, verbannen wir die unternehmerische Rhetorik, verbannen wir die administrative Rhetorik der Kommune, die schlimmste Rhetorik von allen, denn sie verdirbt, was man aus unseren Gebäuden Praktisches, Nützliches und Gutes machen könnte. Warum also zwingt man die Wohnungsbaugesellschaften in Vasto, Arenaccia, im Quartiere Orientale nicht, die Mieten auf ein Minimum zu reduzieren? Damit die Wohnungen, die für das Volk gebaut wurden, auch von ihm bewohnt werden und nicht vom Kleinbürgertum, und zwar so, dass *jedes Zimmer* nicht mehr als *neun oder zehn Lire* kostet und dass regulär nicht mehr als zwei oder drei Personen in einem Zimmer schlafen dürfen, wenn es Kinder gibt. Das sollte man versuchen! Und wenn das weder in den Neubau- noch in den Armenvierteln oder aristokratischeren Vierteln ausreichen sollte, warum zwingt man die Leute dann nicht per Gesetz, per Anordnung, das oberste Stockwerk ihres Hauses abzugeben, damit Menschen aus dem Volk dort wohnen könnten, das also, was man ein Dachgeschoss mit Zimmern oder eine Mansarde nennt, das eben nicht mehr als neun oder zehn Lire im Monat pro Zimmer kosten würde? Und wenn manche Wohnungsgesellschaft immer noch hier in den Hügeln bauen will oder am Strand, neben den Gleisen, in der Nähe des Meers, warum zwingt man sie bei Erteilung der Genehmigung nicht per Gesetz oder Anordnung, einen vierten oder fünften Stock mit Zimmern zu bauen, zu denen man über eine Hintertreppe gelangt? Und warum nächtigen in den Klöstern, aus denen unzählige unglückliche Nonnen vertrieben wurden und von denen die Kommune mittlerweile viele besitzt[54], nur wichtige Wähler oder Diener der Stadtverordneten? Warum, wenn die armen Nönnchen schon auf die Straße geworfen und zu Elend und Tod verdammt wurden, gibt man nicht Geld, heiliges Geld aus, um die zahlreichen Klöster zu reinigen und zu renovieren, und vermietet dann die properen und gesunden Zimmer an das neapolitanische Volk? Ein bisschen von dem Geld, das Leute aus Europa und Amerika anlocken soll, nur ein bisschen davon, sollte klug, mildtätig, aber dauerhaft dafür verwendet werden, billigste und bescheidenste Wohnungen, nein, keine Wohnungen, sondern Zimmer für das Volk zu schaffen!

Und warum werden nicht ein paar von den hellen Gaslaternen, die im Rione della Beltà funkeln, dort, vielleicht etwas weniger hell, aber funktionstüchtig, *hinter dem Paravent* aufgestellt, hinter den berühmten Palazzi des Rettifilo, wo nachts im tiefsten und schrecklichsten Dunkel Verbrechen begangen werden, geraubt und gemordet wird? Warum schenkt man nicht wenigstens einigen dieser Straßen ein bisschen Licht, nur ein bisschen, damit dort nicht mehr geraubt und gemordet werden kann? Ist nicht jede Gemeinde dazu verpflichtet, ihren Bürgern abends und nachts etwas Licht zu schenken? Warum wird diese strenge Pflicht nicht zum Wohl des neapolitanischen Volkes erfüllt, das zu beiden Seiten des Rettifilo von Porto bis Pendino, von Mercato bis Vicaria lebt? Die Sache ist einfach: ein paar Laternen, o werte Bauunternehmer! Und für das reine, frische, perlende Wasser von Serino, dem Stolz Neapels, der Rettung Neapels, warum gibt es dort unten, hinter dem Paravent offenbar nicht einmal eine Wasserleitung für die innere und äußere Reinigung? Diese höchste Wohltat, die so viel gekostet hat, darf nicht nur Gesicht und Gedärm der Reichen, Fremden oder nicht Fremden, des kleinen oder großen Bürgertums gelten, sondern diejenigen, die diese grundlegende Wohltat des Wassers forderten, forderten sie vor allem für das Volk; und das Volk hinter dem Rettifilo hat davon nichts, gar nichts, oder nur sehr wenig und trinkt das wurmige Wasser der Brunnen und Zisternen und wäscht sich damit. Doch auf irgendeine Art, provisorisch, halbprovisorisch, endgültig oder so gut es eben geht, muss man dem Volk reines Wasser geben, das reine Wasser muss in die Armenviertel und darf nicht nur dazu dienen, die Promenade der Via Caracciolo zu bewässern! Und einige der Straßenfeger, die den Rione della Beltà so blitzblank sauber halten sollen, müssten sich, nachdem sie ihn gefegt haben, dorthin begeben, wo sie noch nie waren, *wo nie gefegt wird*, und versuchen, den jahrzehntealten Schmutz heute oberflächlich, morgen gründlicher, in einem Monat vollständig abzukratzen und die verrotteten, stinkenden Müllhaufen zu beseitigen. Es sollte dort unten einen klitzekleinen Straßenkehrdienst geben; dort sollte ein Besen auftauchen, eine Müllkarre; die problematische, aber penible Pflicht, die Straßen so gut es geht zu reinigen, sollte erfüllt werden, irgendwie, und zwar jeden Tag! Und die glorreichen Schutzmänner der Stadt, die die Bettler, Hausierer und Blumenverkäufer vertreiben, damit sie die Fremden an der Riviera und der Chiatamone nicht belästigen, sollten dort unten Streife gehen und die Gesetze der Stadtpolizei durchsetzen, dort unten, wo es keine Spur davon gibt, wo alle machen, was sie wollen, weil sich keiner darum kümmert, die Menschen dort dazu zu bringen, das zu tun, was sich gehört! Stattdessen wachen die Polizeibeamten nur darüber, dass in den aristokratischen Vierteln die Kutscher die Gäste aus dem *Grand Hôtel* und dem *Bertolini* nicht verärgern; doch ein paar Beamte sollten sich auch darum kümmern, Laster, Schandtaten und Verbrechen in den Armenvierteln hinter dem Rettifilo zu verhindern!

Was also fordere ich für meine Geschwister aus dem neapolitanischen Volk, was fordere ich wie alle, die ein Herz, die eine Seele haben, außer dass das Vergessen und die Vernachlässigung enden? Was fordere ich, im Namen der menschlichen und christlichen Gleichheit, außer dass das Volk dort unten wie alle anderen Bürger auch behandelt wird, dass es Wohnungen, Licht in der Nacht, Wasser, Sauberkeit und Schutz bekommt, dass es behütet und vor sich selbst und anderen geschützt wird? Was fordere ich, wenn nicht die Umsetzung des menschlichen und sozialen Gesetzes, jene so zu behandeln wie die anderen auch, ihnen das zu geben, was ihnen als lebendige Wesen, als Menschen, als Bürger einer großen Stadt zusteht? Erfüllen Sie Ihre Pflicht, Sie alle, *nichts anderes als Ihre Pflicht*, gegenüber dem neapolitanischen Volk der vier großen Viertel; erfüllen Sie Ihre Pflicht, so wie anderswo auch, erfüllen Sie sie sorgfältig, erfüllen Sie sie gewissenhaft; dann werden wir uns mit jedem Tag langsam, aber beständig der Lösung des großen Problems nähern, ohne Millionen, ohne Wohnungsbaugesellschaften, ohne Unternehmen; jeden Tag werden wir uns verbessern, bis alles, zum allgemeinen Erstaunen, auf wundersame Weise verwandelt ist, da jene, die dazu verpflichtet waren, sich von Not, Vernachlässigung, Desinteresse und Trägheit erschüttern ließen und *das getan haben, was sie tun mussten.*

Neapel, Frühjahr 1904

Neapels Seele

Die Ehre

Melancholisch sitzt der dicke Ritter Falstaff an einer Tafel im Gasthof Zum Hosenbande und grübelt über den arglistigen und kühnen Streich, den ihm *die lustigen Weiber von Windsor* gespielt haben, als sie ihn unter einem Berg schmutziger Wäsche in einem Korb begraben und dann in die Themse geworfen haben. Bei einem riesigen Becher Glühwein versucht er, seinen armen Magen wieder aufzuwärmen, den er sich im Flusswasser verkühlt hat. Mit philosophischen Betrachtungen, mal zynisch, mal schmerzhaft, versucht er, seine bedrückte Seele wieder aufzurichten. Falstaff nimmt einen großen Schluck von seinem *Grog* und sagt mit bitterem Lächeln: »Was ist Ehre? Vermag sie was zu leisten? Nichts. Kann die Ehre wohl ein Bein Euch wiedergeben? O nein. Den Fuß dann? Nein. Die Zehe? Nein. Den Nagel? … Die Ehre ist kein Wundarzt. Was ist sie? Nur ein Wort. Was steckt denn in dem Worte? Ein Hauch nur, der versäuselt.«[55] Er zuckt mit den fetten Schultern, trinkt noch einmal und mit der Riesenhand, die den Becher abstellt, macht er ein Zeichen, um diesen Hauch, der die Ehre ist, aus seinem Säuferleben zu vertreiben.

Falstaff, der in Jugendjahren Page des Herzogs von Norfolk und so dünn war, dass er durch einen Ring passte, war der Freund von Harry Plantagenet, dem

Kronprinzen und späteren König von England; Falstaff ist ein übergewichtiger, kahler, fauler, gefräßiger Fünfzigjähriger, ein Schlemmer und Trinker, Lüstling, voller Witz, voller Energie, ein fingerfertiger und berühmter Betrüger und doch angenehm, mit einem gewissen Schick; Falstaff wagt es in jener Zeit, all seine Gedanken über die Ehre auszusprechen. Er verkörpert alle Laster, außer der schmutzigen Heuchelei. Er ist fähig, alle Verbrechen zu begehen, kann aber keine Tugend vortäuschen. Er lebt von jeder Schweinerei, doch er bekennt sie; er kann nicht anders, als zu betrügen und zu stehlen, da er ja leben, essen, trinken und sich auch kleiden muss! Der große William ist so ehrlich, so menschlich aufrichtig und sogar brutal in seinen Schöpfungen der Wahrheit und des Lebens! Von dem Moment an, als Falstaff mithilfe der Ehre weder ein Gewand noch Schuhe, weder einen Becher *Claret*[56] noch Stopfleber bekommen kann und auch kein breites Bett für seinen kolossalen Körper, erklärt er offen, dass er auf die Ehre verzichtet und diesen unnützen Hauch aus seinem Leben verjagt. Was für Zeiten! Wer würde es heute, bei all der Politur, dem Glanz, den *seize refletes*, dem schönen Schein der modernen Gesellschaft, wagen, so etwas zu sagen? Welcher Zyniker unter den zynischsten modernen Finanziers oder welch weltberühmter Abenteurer würde je eine Erklärung wie Falstaff abgeben? Wer würde je die Ehre mit so viel grausamer Überzeugung verleugnen wie der dickbäuchige Glücksritter aus England? Was für Zeiten! Wahrscheinlich denken auch heute noch viele so wie er. Viele sind wie Falstaff heimlich davon überzeugt, dass man mit Ehre kein Geld macht, und da Geld nicht nur nützlich, sondern auch notwendig ist, ist es wohl besser, stillschweigend auf diesen nutzlosen Hauch der Ehre zu verzichten. Viele, vielleicht nicht die meisten, aber die furchterregendsten, haben angefangen, so eiskalt und tödlich wie Falstaff zu denken, noch bevor sie überhaupt in den Kampf ums Überleben eintreten. Was für Zeiten! Die menschliche Oberfläche hat sich verändert. Die gesamte soziale Erscheinung ist anders. Und Falstaff, ganz gleich, ob dick oder dünn, ob netter Page oder dicker Glücksritter, kann seine Instinkte immer in jeglicher Form ausleben, von der edelsten bis zur niedrigsten, doch niemand wird ihn je sagen hören, dass die Ehre ein Hauch ist und dass man mit dem Wind kein Geld verdient.

Wir aber haben eine einzigartige Überzeugung. Entgegen dem nagenden Bedürfnis im Unterbewusstsein sowie dem Wunsch nach Reichtum und Macht, entgegen diesem bequemen, einfachen, aber verborgenen Zynismus glauben wir, dass die Ehre nicht nur ein Wort, nicht nur ein unnützer Hauch ist, und dass es weder schön noch nützlich ist, sie mit einer Handbewegung aus dem eigenen Leben zu vertreiben. Wir glauben vielmehr, dass man mit der Ehre auch Geld machen kann. Wir können unmöglich glauben, dass sich in einer Gesellschaft nur Betrüger und Diebe bereichern können. Das kommt vor, das stimmt. Es kommt sogar viel zu oft vor. Doch auf der anderen Seite, trotz all dieser Leute mit zweifelhaftem Bewusstsein, zwielichtigem Charakter und unseriösen Absichten, trotz all dieser Leute, die alles dafür täten, um alles zu bekommen, sehen unsere sterblichen Augen auch viele andere Menschen, die ruhig und ernst ihren Beitrag in der Welt leisten, die ihr Glück und das der anderen gestalten, ohne es an Ehre mangeln zu lassen. Trotz der Finanzorganisationen, die ihr Vermögen auf der Grundlage tausendfacher, höchst subtiler Täuschungen machen und deren wirtschaftliche Erklärungen jedes Mal ein *marché de dupes*, eine Mogelpackung, darstellen, trotz dieser Gruppierungen, die weltweit mittlerweile immer seltener werden, sehen wir unter uns andere entstehen und gedeihen, in Europa, in der Ferne, überall, wo jede Handlung von kaufmännischer Ehrlichkeit und unternehmerischer Loyalität geprägt ist. Wer nur die Gegenwart sieht, wer nicht zum Horizont, nicht in die Zukunft blicken kann, dem mag es vielleicht so scheinen, dass die Ehre ein schlechtes Geschäft ist und dass ein Ehrenmann arm bleibt. So ist es, aber nicht für alle; und nicht für lange Zeit. Denn ein Ehrenmann überwindet entweder sein schreckliches Schicksal oder hütet seinen tadellosen Ruf wie einen Schatz. Mit der Ehre macht man auch Geld, Gott sei Dank! Zu Hunderten, zu Tausenden trösten uns in diesem einsamen, aber festen Glauben die besonderen Beispiele, die allgemeinen Beispiele, in denen Rechtschaffenheit, Integrität und rigorose Gewissenhaftigkeit die Quellen sowohl für individuellen Reichtum als auch für wahrlich mächtigen sozialen Reichtum waren. In allen Erdteilen, in Büchern und Zeitungen, in den Nachrichten und im Leben sprießen diese manchmal großartigen Geschichten von Wohlstand, der sich nur auf Arbeit, Willen und Verstand, vor allem aber auf die persönliche oder kollektive Ehrlichkeit gründet. Für den Dickwanst aus Windsor, der unter der Pergola im Wirtshaus saß, köstlichen Wein trank und sich dem Würfelspiel hingab, war es nur natürlich zu behaupten, dass die Ehre nicht die Ellen Samt bringt, aus denen man einen Überrock schneidert, und auch nicht die Wirtshausrechnung begleicht. Für die ambitionierten Modernen ist es ein bequemer Gedanke, dass die Ehre sich nicht in *chèques,* marmorne Palazzi, glänzende Equipagen, Gemäldegalerien und Schmucksammlungen verwandelt. Es ist bequem, aber falsch. Wer auch immer die Geschichte des Reichtums und der Reichen geschrieben hat, sie schreibt oder schreiben wird, möge erklären, ob dies nicht falsch ist, und dass Länder, Gesellschaften und Menschen tausendmal, hunderttausendmal mit dem demütigsten Willen zum Guten und Ehrlichen aufgebrochen sind und die schönsten Gipfel des Reichtums erreicht haben, ohne jemals auf Abwege geraten zu sein.

Mögen jene, die sich heute feierlich versammeln, die Abgeordneten Neapels, die sich brennend wünschen, ihrer Stadt Gutes zu tun, genau dies bedenken. Möge ihr Gewissen als Ehrenmänner nicht einen Moment ins Wanken geraten. Mögen sie nicht einen einzigen Moment das Vertrauen in die menschliche

Rechtschaffenheit verlieren, auf der ihr Leben aufgebaut ist und seine Form gefunden hat. Sie, die neapolitanischen Abgeordneten, wollen den breiten Wohlstand dieser wunderbaren Metropole, die trotz all ihrer Schönheiten immer noch arm und trist ist. Aber sie wollen ihren Wohlstand zusammen mit dem hohen Ansehen ihrer Ehre. Möge die Ehre über allem stehen: Möge sie bei jenen Auserkorenen, die im Stadtrat sitzen werden und die von der Wahl des Volkes abhängen, das Spiegelbild ihres Charakters, das Aushängeschild für ihren Namen sein; möge sie im Angesicht von Italien, von Europa oder wo immer der Name Neapels ausgesprochen wird, durch den Anstand, durch das Gewissen ihrer Repräsentanten mit der höchsten bürgerlichen Würde vereint werden; möge sie aus Überzeugung niemals verdächtigt, verklagt oder verraten werden; möge, wo immer er auch sei, der ehrliche, intelligente, aktive Mensch seine Arbeit Neapel widmen und es mit all seiner Kraft unterstützen. Wenn dies mit Weisheit und Umsicht organisiert würde, unter Einbeziehung zukünftiger Stadträte, wo immer sich solche Ehrenmänner und fähigen Leute auch finden lassen, ohne dass überkommene Fragen nach Partei, Zugehörigkeit, alten Geschichten oder zerschlagenem Geschirr gestellt werden müssten; wenn das vollbracht wäre, würde die Ehre Neapels, die langsam, aber sicher wieder hergestellt wird, helfen, auch hier Geld zu machen. Wenn die Kapitalisten aus dem Ausland und dem Norden erfahren, dass Neapel trotz aller Widrigkeiten seine besten Bürger in den

Stadtrat gewählt hat; wenn die Finanzexperten aller Orte, aller Regionen erfahren, dass hier das Gefühl der sozialen Redlichkeit in den Menschen, Dingen und Sitten wiederhergestellt ist; wenn die Unternehmer von überall verstehen, dass sie Vertrauen haben können; ja, dann wird jeder kleine oder große Spross des öffentlichen Vermögens auf diesem fruchtbaren Boden, in dieser Stadt der guten Seelen keimen, wachsen und Früchte tragen. Alles wird hier von dem Moment an möglich sein, an dem letztendlich der gute Name Neapels, die Anständigkeit seiner Bürger und all ihre Ehre gepriesen werden. Alles wird so leicht sein, so einfach, so natürlich, dass die Welt staunen wird. Und in dieser Ehre, in dieser durch und durch moralischen Kraft, in diesem reinsten und, nennen wir es so, auch himmlischsten Teil des sozialen Gewissens, wird Neapel sein Leben, sein Glück und seinen Reichtum wiederfinden!

Der Rione della Bellezza

Eine der amüsantesten Falschaussagen über Neapel, die ständig wiederholt und verfochten wird, ist die vom tiefen Elend ihrer Kommune, vom Fehlen von Lira und Soldo, um über die Runden zu kommen. Diese bizarre, absurde und beleidigende Legende bestätigen viele unserer berühmten und unrühmlichen Bürger mit Vergnügen, anhand der außergewöhnlichsten und fantastischsten Beweise. Wussten Sie schon? Es gibt nicht einen Centesimo, um eine Schule zu eröffnen. Die Kommune kann gerade so eben die Lehrer und Lehrerinnen bezahlen. Wussten Sie schon? Es stehen nicht mehr als viertausend Lire im Jahr zur Verfügung, um in den öffentlichen Parks und der Villa Comunale neue Bäume zu pflanzen, und so bietet der Stadtpark am Meer weiterhin den Anblick eines verwüsteten Gemüsegartens. Wussten Sie schon? Es ist unmöglich, die gefährlichen Löcher im Pflaster der Via Chiaia zu stopfen. Sie müssen sich schon den Hals brechen. Die Pflastersteine sind zu teuer, dafür muss man auf den Haushalt des kommenden Jahres warten. Dann wird man sehen. Jedes Mal, wenn die Kommune fünfzig Centesimi ausgeben muss, wird wieder die Legende von der Bettelei erzählt, zu der sie gezwungen ist, und vom Bettler, den kein Armenhaus mehr aufnehmen kann. Und wegen dieser verlogenen Fassade, wegen dieser vorgefertigten Phrasen, von denen sich die Masse so bequem regieren lässt, merkt niemand, dass im Rathaus ganz leise, ganz nebenbei, die vorhandenen und zukünftigen Millionen einen Reigen tanzen, der jeden Tag ausgelassener wird. Wer, wenn er Augen und Ohren hat, wird es wagen zu behaupten, dass die Kommune von Neapel arm ist, wenn sie seit ein oder zwei Jahren, mal für die eine, mal für die andere Sache, enorme Summen zur Verfügung stellt? Wer wird das weiterhin behaupten können, wenn nach und nach alle Projekte, die auf der Agenda stehen, geprüft werden, von denen jedes einzelne viele Hunderttausend Lire kostet und manches sogar Millionen? Wer wird noch behaupten, dass es kein Geld für Kindergärten, Schulen, Parks, Straßenreinigung und Bewässerung gibt, wenn unzählige Luftschlösser geplant werden, eins teurer als das andere? Wer wird behaupten, dass es nur wenige Millionäre in Neapel gibt, um einen kümmerlich niedrigen Index unseres Reichtums anzugeben, wenn der erste Millionär ausgerechnet die Kommune ist? Und wie alle Millionäre ist sie ein bisschen verrückt, das heißt, sie ist knauserig, wenn es um ein paar Hundert Lire für Notwendiges geht, versenkt aber ihr Geld in überflüssigen Ausgaben oder tut ihr Bestes dafür. Unsere Kommune ist vielleicht weder ein Morgan[57], noch ein Carnegie[58], noch ein Vanderbildt[59] oder Rockefeller[60]; ihr Vermögen ist bescheidener; ihre Millionen sind weitaus weniger, doch sie spielt damit wie ein guter kleiner Millionär, der Zigaretten zu drei Centesimi raucht, aber einen Rennstall besitzt. Ich habe eine Liste und hoffe, sie im Notfall veröffentlichen zu können, eine Liste mit Projekten, Vorschlägen, halberledigten oder noch zu erledigenden Aufgaben, deren Ausgaben manchmal unnötig, manchmal außergewöhnlich, fast immer fahrlässig, aber vor allem extrem hoch sind. Ich bin, Gott sei Dank, nicht der Vormund der Kommune und Sie sind es auch nicht, geneigter Leser, zu Ihrem Glück. Aber ein paar Soldi von diesen Millionen gehören Ihnen und mir. Interessieren wir uns also für Ihre und meine paar Centesimi, denn sie sind ein Teil dieser Millionen!

Der Rione della Bellezza! Dort steckt ein Soldo, dort ist er. Der Name dieses Viertels ist, wie Sie sehen, äußerst prätentiös. Wenn Sie erfahren, was dieser Rione genau ist, geneigter Leser und Bruder, dann werden auch Sie ihn für äußerst lächerlich halten. Es handelt sich dabei um diese große Wüste von Santa Lucia Nuova, wo sich die in das alte Neapel Verliebten wahrscheinlich so gern das schöne Meer von Santa Lucia anschauten, unser Meer. Schenken wir ihm einen wehmütigen Seufzer, im Namen des Pittoresken, trösten wir die enttäuschten Fremden und verleugnen wir im Geiste still die Zivilisation. Als der Rione della Bellezza noch nicht erfunden war, sollte diese traurige, zu manchen Tageszeiten überaus triste Wüste, flankiert von ihrer staubigen, unebenen Straße, mithilfe der genuesischen *Cassa dei sovvenzioni*[61] bebaut werden. Es sollten dreizehn riesige Palazzi entstehen, dreizehn enorme Kasernen, ähnlich wie die zwei bereits vorhandenen; in einem Palazzo befindet sich das *Hôtel Santa Lucia*, der zweite ist noch im Bau. Nichts könnte hässlicher, geschmackloser und klobiger sein. Die Wege zwischen den Gebäuden sind eng und dahinter liegt völlig verloren die Straße des alten Santa Lucia. Wären diese schrecklichen Kasernen errichtet worden, ein weiterer Beweis fehlender ästhetischer Bildung, hätten sie unseren bangen Geist gequält; und die rechtwinkligen Scheußlichkeiten, von denen Edgar Poe spricht[62], hätten mit ihrem schrecklichen Aussehen unsere Fantasie erdrückt, die doch Schönheit, Anmut und Leichtigkeit über alles liebt. Aber zum Glück gibt es einen Gott im Himmel! Aufgrund der hohen Grundstückspreise, die die Cassa dei sovvenzioni verlangte und seit fünf Jahren immer noch verlangt, und da für die Bebauung gleich am Meer der Preis doppelt und dreimal so hoch ist, will niemand die Grundstücke kaufen, niemand gedenkt, dort einen Palazzo oder ein Haus zu errichten, und nicht einmal die Baugesellschaft wagt es, dort etwas hinzustellen. Sicher, die Gesellschaft hat viel Geld verloren und verliert immer noch viel, aber das betrifft uns nicht. Wir trauern dem alten Santa Lucia nach, den Badeanstalten, dem Schwefelwasser, den Wasserverkäuferinnen, den Austernverkäufern, den Trattorien und den Reusenflechtern! Wir werden sie gemeinsam sogar noch viel mehr betrauern, geneigter Leser, wenn der Rione della Bellezza jemals erbaut werden sollte. Das neue Projekt, bei dem es fast so aussieht, als hätten Raffael von Urbino, Michelangelo Buonarroti, Vanvitelli und

Dante Gabriele Rossetti darum konkurriert, sieht Folgendes vor: Statt dreizehn Kasernen werden es elf und sie werden durch breitere Straßen getrennt sein, die Straßen werden mit Baumreihen gesäumt, ähnlich wie die kümmerlichen auf dem Rettifilo, die in der Nähe des Meeres durch den Seewind vermutlich genauso eingehen werden wie die in der Villa, wie man sich erzählt. Diese elf Gebäude sollen zudem einen schmalen Grünstreifen zum Meer hin bekommen. Mehr nicht. Das ist also das ausgefallene Konzept, wonach der Rione Santa Lucia dann Rione della Bellezza, Viertel der Schönheit, heißen soll? Und der Stadtplaner wird, sagen wir mal, mit Arnolfo di Lapo[63] oder mit Lenôtre[64], dem Architekten von Versailles, verglichen? Natürlich nicht. Im Zentrum des neuen Rione, zum Meer hin, sollen sich die Gebäude in einem Halbkreis öffnen und in der Mitte eine Fläche von achttausend Quadratmetern freilassen – machen Sie sich keine Illusionen, geneigter Leser, achttausend Quadratmeter sind nicht viel –, dort soll es einen Park geben und in dessen Mitte, man mag es kaum glauben, einen Brunnen. Um diesen Halbkreis soll ein Portikus im griechisch-römischen Stil entstehen, mit nur einem Stockwerk, in dem Cafés, Bierhallen und vielleicht ein *Café-chantant*, ebenfalls im griechischen Stil, untergebracht werden sollen. Mehr nicht. Das ist der Rione della Bellezza. Nicht mehr, nicht weniger. Ein kleiner Park, also kaum größer als der auf der Piazza Cavour, dem bevorzugten Treffpunkt der Bettler von San Gennaro, der Kabbalisten und der kleinen

Regierungspensionäre. Ein Park, zwei- oder dreimal so groß wie der auf der Piazza Municipio, Treffpunkt von Menschen, die hier nichts zur Sache tun, unter den verschlossenen väterlichen Augen der Stadträte, ein kleiner Park mit einem Brunnen, wo vermutlich an Arbeitstagen eine niedrige, an Feiertagen eine hohe Fontäne sprudelt; und schließlich der Portikus, der im modernen Leben an den Ursprung der Neapolitaner erinnern und ein bisschen Pompeji nachgestalten soll, sagt der Stadtplaner. Er wollte eigentlich eine komplette *pompejanische Promenade*, aber diese Idee erschien dann doch zu barock, zu albern, sodass es selbst die guten und zerstreuten Stadtratsseelen bemerkt und dagegen protestiert haben. Es wird keine pompejanische Promenade geben, aber ein Stückchen von Pompeji in Form eines Portikus werden wir bekommen. Wer in diesem Säulengang wandeln wird, weiß man nicht. Genauso wenig ist gesichert, ob das erste Stockwerk gebaut wird. Der Rione della Bellezza wird also aus einem Park mit einem Brunnen und einem Portikus bestehen. Scheint der Name wirklich nicht ein bisschen übertrieben, geneigter Leser? Meinen Sie nicht, dass das Wort »Bellezza« – Schönheit – eine andere und tiefere Bedeutung besitzt? Und ist es nicht überaus frech, diesen Begriff einer so kleinen und scheinheiligen Sache zu verleihen? Und werden nicht das Projekt und der Planer unter der Lächerlichkeit dieser Frechheit zu leiden haben?

Um diesen Park mit Brünnlein und Portikus zu bauen, muss die Kommune von Neapel folgendes ausgeben:

Zuerst muss sie der Cassa di sovvenzione von Genua die vortreffliche Summe von siebenhunderttausend Lire zahlen. Sicher, diese siebenhunderttausend Lire werden über dreißig Jahre abgezahlt, aber Schulden sind Schulden, auch wenn man sie in kleinen Raten zurückzahlt. Ich möchte nicht behaupten, dass die Kommune auch noch Zinsen zahlen muss, denn das weiß ich nicht. Aber es ist durchaus möglich, dass für den Brunnen im Park und den Säulengang, der ihn umgibt, den man sich auf Kredit leistet, ein paar Zinsen gezahlt werden müssen. Zudem genehmigte die Kommune der Baugesellschaft, auf alle elf Gebäude *einen sechsten Stock* zu setzen. Grob gerechnet: Ein Stockwerk mehr auf elf riesigen Gebäuden kann der Baugesellschaft neunzig- bis hunderttausend Lire Mehrgewinn bringen. Also ein kleines Geschenk von mehr als zwei Millionen an Kapital, für das, was Sie schon kennen. Um wie viel schöner, luftiger und ästhetischer diese sechs- statt fünfstöckigen Palazzi sein werden, das weiß nur der Herr!

Und mehr noch: Die Baugesellschaft hat das Recht, die Straßen zwischen ihren Palazzi nicht mehr zu pflastern, denn so ein Pflaster kostet viel Geld. Um es ihr noch einfacher zu machen, erlaubt die Kommune den Bau von *Makadam*[65]-Straßen, mit dem Ergebnis, dass es im Winter dort Schlamm geben wird, Schlamm, der die Kleider beschmutzt und zerfrisst; und im Sommer wird es heftig stauben. Doch damit nicht genug. Die Baugesellschaft verfügt über die Konzession für die Quelle des Schwefelwassers.

Das mag nichts Großes sein, aber die Sache liegt anders. Finden Sie nicht, dass es für einen Park, einen Brunnen und einen Portikus viel, sehr viel, viel zu viel kostet? Doch selbst mit viel Geld, vielen Konzessionen und vielen Erleichterungen wird das Resultat folgendes sein: Der Rione der angeblichen Bellezza wird unsagbar hässlich werden, wenn man diesen Anachronismus von Pompeji zwischen sechsstöckigen Gebäuden wie in Amerika wirklich vollendet; da die Grundstückspreise weiterhin hoch sind und die Bauschwierigkeiten bestehen bleiben, wird die Cassa Sovvenzioni nichts verkaufen und folglich nichts bauen, sodass schließlich die Leiche des Rione della Bellezza aus einem kleinen Park mit Brunnen und einem leerem Portikus besteht, inmitten einer weiten, trockenen, staubigen Wüste. Die Baugesellschaft wird mit diesen siebenhunderttausend Lire einen Teil ihrer Unannehmlichkeiten wieder ausgleichen. Die Kommune wird sie zahlen müssen, und die unwissenden Bürger, die durch das neue Santa Lucia laufen, werden sich beim Anblick dieser Narretei kaputtlachen; aber Sie, geneigter Leser, und ich, die skeptische und pessimistische Chronistin, wir beide sind nicht unwissend, wir werden den fünfundzwanzig oder fünfzig Centesimi nachtrauern, Ihrem und meinem Teil der siebenhunderttausend Lire!

Die große Straße

Wer hat es je gewagt und wer wird es je wagen, Via Toledo vom Thron ihrer Stadthoheit zu stoßen? Welche andere Straße wird je an ihre Krone der Herrlichkeit und des Lebens heranreichen? Was wird ihrer Faszination je gleichkommen oder sie gar übertrumpfen? Was wird ihre Kraft und ihren Charakter je schmälern? Nichts. Niemand. Nicht einmal die Zeit, die alles verändert und alles verwandelt. Nicht die verrückten Menschen, die davon träumen, Dinge nach Lust und Laune umzuwälzen. Nicht die Sitten, die sich so seltsam verformen, auch wenn sie im neuen Gewand wieder auftauchen. Nicht die Taten, die von den geheimnisvollen Strömungen des Schicksals gelenkt werden. In dieser langen, pulsierenden Schlagader fließt ein Blut, dessen Reichhaltigkeit großartig ist. Ihr Puls kann im Fieber der herrlichen Tage turbulent, aber niemals langsamer werden. Ihr Puls kann den Gipfel der Freude erreichen, aber niemals erlahmen. Und während der riesige Stadtkörper unter dem gestirnten Himmelszelt, unter dem kalten, sanften Mondlicht schläft, lebt diese starke Schlagader und breitet während der Nacht von den blühenden Hügeln bis hin zum reglosen Meer, in den zarten Schatten zwischen den hohen Häusern ihr Lebensmaß aus.

Via Toledo hat keine Rivalen, nicht einmal in den zauberhaftesten Straßen Neapels; nicht in dem wunderbar geschwungenen Band, das anmutig den oberen Teil der Stadt säumt und den Corso Vittorio Emanuele bildet; nicht in der aristokratischen und mittlerweile ausgestorbenen, doch immer noch noblen, immer noch eleganten Riviera di Chiaia; nicht in der unbeschreiblichen Via Caracciolo, dem Traum von Malern und Poeten; nicht im imposanten Rettifilo, wo sich die hochmoderne Stadt entwickelt. Keine dieser Straßen ist ihre Rivalin, denn diese Straßen können zwar Schönheit, Kraft, Anmut, Poesie oder Tradition besitzen, sie haben all dies und in ihrer Geschichte und ihrem Erscheinungsbild auch noch anderes, doch Via Toledo hat alles zusammen und darüber hinaus noch etwas Großes, Imposantes, Bebendes, Vielfältiges und Vielseliges: Sie hat das Leben. Sie ist das Leben.

Sollten Sie weit weg, in fremden Ländern weilen und Ihre Seele versinkt in trauriger Nostalgie, wird bei der Erinnerung an diese Straße Ihre geheime Sehnsucht noch bitterer werden. Sollten Sie in diesem Land sein und sich Ihr Leben aufgrund der Umstände in anderen Regionen oder Städten abspielen, so wird Ihnen Ihr Dasein blass und kalt vorkommen. Sollten Sie ausgehen und an einem Tag nicht durch diese Straße kommen, so wird Ihnen der Tag leer erscheinen. Sollten Sie unglücklich, gelangweilt, erschöpft, verloren, von sich und von allen enttäuscht sein, so betreten Sie einfach die heiligen Steine dieser Straße und wie durch einen Schluck berauschenden Weins kehren

Ihre Kräfte zurück und alle beklemmenden Schreckgespenster werden vertrieben; und für einen Moment, für ein Stunde, für einen Tag erscheint Ihnen das Leben wieder einfach und leicht!

Via Toledo ist das Leben selbst, denn in den vergangenen Jahrhunderten haben Tausende von Patriziern und Reichen ein Vermögen dafür ausgegeben, sie mit majestätischen Palazzi zu schmücken. Sie lebten in diesen Palazzi, sie herrschten darin und sie hinterließen den breiten und edlen Abdruck der Pracht, der nicht verwischt. Via Toledo ist das Leben selbst, denn durch die glückliche Vermischung der Klassen, eine unserer guten und ehrlichen Eigenschaften, haben dort seit Jahrhunderten, in der jüngeren Vergangenheit und bis zur Gegenwart neben den großen Familien Tausende und Abertausende von einfachen Familien gelebt, und sie werden auch weiterhin dort in einer bürgerlichen Tradition leben, die ihre eigene Macht hat, in einer Volkstradition, die ihre eigene Stärke besitzt. Via Toledo ist das Leben selbst, weil der Glaube dort seine Heiligtümer geschaffen hat, zu denen Tausende und Abertausende von Seelen auf bekannten Pfaden pilgerten, pilgern und weiterhin pilgern werden; zu den bekannten und geliebten Heiligenbildern ziehen fromme Seelen, gläubige Seelen, die einer alten und doch süßen Gewohnheit gehorchen. Via Toledo ist das Leben selbst, weil Handel und Industrie seit Jahrhunderten dort ihre Niederlassungen haben, entsprechend einer Tradition aus Arbeit, Fleiß, Ehrlichkeit und Glück, die jetzt zu höchstem

Glanz erblüht. In der Toledo zu wohnen, in der Toledo zu leben, einen Laden in der Toledo zu haben, war und ist wie ein Erbe der Vorfahren, wie der Respekt vor einem heiligen Brauch, wie die Erneuerung eines Paktes mit fernen Ahnen, wie ein abgelegter Schwur, wie ein familiäres und öffentliches Bedürfnis.

O Herz aller Herzen: Via Toledo! Seit Jahrhunderten ergießt sich hier, an jedem Tag und in jeder Minute, mal zahm, mal wild, mal tosend, mal lärmend der Strom der Menschheit über dein Pflaster und deine Bürgersteige. Jeder Mann, jede Frau, alle, die hier klagend, lachend, bebend, voller Leben oder voller Tod entlangkamen, haben eine vitale Spur hinterlassen. Jedes Drama, jede Tragödie, jede Komödie, die sich hier abspielte, hat einen Erinnerungsfunken hinterlassen. Jedes große oder kleine Gespenst der Geschichte, das hier auftauchte, hat einen Schatten seiner Größe oder Geringfügigkeit hinterlassen. Und wir und die Unseren haben in vielen Phasen unseres Lebens dort unser Bestes hinterlassen, einen Gedanken, ein Gefühl, ein Lächeln, eine Träne. Ach, wenn Via Toledo das Leben selbst ist, dann, weil jeder ihr dieses schöne und schicksalhafte Geschenk gemacht hat: Herrscher und Volk schenkten es ihr zu allen Zeiten. Diktatoren und Plebs schenkten es ihr. Poeten und Liebende schenkten es ihr. Alle schenkten dieser Straße ihr Leben, die Wissenschaftler, die Philosophen, die Staatsmänner, die Parteiführer, die Anführer der Massen, alle, alle, Frauen, Männer, Kinder, Alte, Kranke, sogar die Toten, deren feierliche Bestattungen die Erinnerung an einen Namen und einen Trauerzug hinterließen. Ach, Via Toledo ist das Leben selbst und alle würdigen sie inbrünstig dafür, in großem oder kleinem Stil, elegant oder trivial, reich oder arm, üppig oder armselig. Alle verehren sie und haben sie verehrt; und kein Herrscher, kein Imperator, kein großer Mann, der hierherkam, verspürte nicht diesen ersten tiefen, starken Pulsschlag im Geschrei der Leute, das sich in den strahlenden Himmel erhob!

Daran musste ich mit Erstaunen denken, als ich hörte, dass zum ersten Mal ein Staatsgast unter uns weilen und in einer höchst mondänen Prozession zum Königspalast ziehen wird, ohne die Via Toledo zu durchqueren. Darüber werden die Tausenden von braven Bewohnern der Via Toledo zutiefst betrübt sein und ihre berechtigten Hoffnungen werden enttäuscht, ebenso wie die der unzähligen Kaufleute und Unternehmer, die angesichts dieses schönen, beliebten Ereignisses nicht nur ein prächtig anzusehendes Spektakel erwarteten, sondern auch einen ehrlichen Vorteil für ihre Geschäfte. Bestimmte Gründe, die wir nicht kennen, haben sie dazu gebracht, eine schöne, aber viel kürzere Route zu wählen. So haben sie, vermutlich unfreiwillig grausam, das neapolitanische Leben selbst, die alte und treue Via Toledo ausgeschlossen, die ergeben und begeistert ihre Könige und Gäste feierte und die es zudem verstand, sich mit Flaggen und Girlanden zu schmücken und Blumen auf Königinnen und Prinzessinnen regnen zu lassen. Gewichtige Gründe! Wir kennen sie nicht. Sie werden natürlich sehr gewichtig und honorig sein, denn jetzt lässt sich die Route nicht mehr ändern. Nun gut! Doch wie in Paris, wo man, gleich nachdem Italiens Hoheiten die *Avenue des Champs Elysées* und den unvergesslichen Place de la Concorde überquert hatten, um zum Palast der Auswärtigen Angelegenheiten zu fahren, ohne das Zentrum des echten Paris, das Herz von Paris, den Opernplatz zu passieren, einen Weg fand, dass die Hoheiten erneut ausfuhren, um die *Avenue de l'Opéra* zu durchqueren, so sollte man auch hier einen Weg finden, damit der Präsident der Republik ganz offiziell zur festgesetzten Zeit die Via Toledo entlangfährt, die gesamte Via Toledo, von Anfang bis Ende. Möge sich diese Sache herumsprechen, damit die berechtigten Erwartungen einer Straße, in der sich ganz Neapel sammelt und auslebt, befriedigt werden. Möge man den neugierigen und sanften Augen von Émile Loubet[66], der aus einer der schönsten Städte der Welt kommt, dieses einmalige Schauspiel bieten. Sollte der Präsident der Republik von hier abreisen, ohne die Via Toledo an einem Frühlingsnachmittag voller Menschen gesehen zu haben, geschmückt, geflaggt, mit Blumen verziert, mit einer wogenden und lärmenden Menge, so ist es, als hätte er Neapel nicht gesehen.

Krieg den Dieben

Seit einigen Tagen liegt ein übler Geruch von Abgestandenem, von Altem und Verbrauchtem, das zu lange unter Verschluss gehalten wurde und nun wieder herausgezogen wird, in der Luft, die wir atmen. Mit einem gewissen Anschein von Ernsthaftigkeit sind sie auf den ersten Kundgebungen, bei den ersten Proklamationen aus den klapprigen Schränken der administrativen Rhetorik hervorgekrochen: die *klerikal-bourbonische* Partei, die *klerikal-moderate* Partei, die *sozialistoide* Partei, die *anarchistoide* Partei und sogar, sieh an, sieh an, die vollkommen abgenutzte *liberale* Partei. Es ist, als hätte man einen Haufen verstaubter, rostiger, alter Bügeleisen aus einer Abstellkammer geholt; als hätte man ein Bündel zerschlissener, schmutziger Lumpen auf dem Boden verteilt. Der beißende Staub löst sich von all diesen Resten; der schleimige Schimmel klebt an den Händen derer, die ihnen zu nahekommen, und verpestet die freie Luft. Die Leute gehen vorbei, halten sich die Nase zu, zucken mit den Schultern und lächeln spöttisch. Viele Jahre lang hatten diese Worte und diese Sätze einen Lebensinhalt. Doch diese Zeit ist vorbei und die Zeiten haben sich geändert. Denn all das ist hohl, erschlafft, farblos, blutleer; es gleicht einem Lederball, der leicht durch die Luft flog, der die schönen Farben der Freude trug, den das Kind aber kaputt machte und der jetzt nur noch eine schlappe Hülle ist. Nichts von alledem gibt es noch. Nichts von alledem entspricht noch dem neuen modernen Bewusstsein. Keine dieser Floskeln besitzt mehr Aussagekraft, keine hat mehr Einfluss. Sehen Sie sich stattdessen das echte Leben an! Betrachten Sie im echten Leben all die tiefgreifenden und erstaunlichen Veränderungen! Es gibt Katholiken, die überaus italienisch sind. Es gibt Antiklerikale, die gläubig sind. Es gibt Klerikale, die Demokraten sind. Es gibt Demokraten, die Imperialisten sind. Es gibt Liberale, die die Todesstrafe wieder einführen wollen. Es gibt autoritäre und absolutistische Republikaner. Es gibt Sozialisten, die den König verehren. Es gibt Radikale, die absolute Monarchisten sind. Es gibt Monarchisten, die von dem schrecklichen Übel der Monarchie sprechen. Die Freimaurer verabscheuen den Klerus und glauben an den Baumeister des Universums. Und die Bourbonen schließlich, denn auch von ihnen ist die Rede, vereinen sich in einem bezaubernden Mann in den besten Jahren – er wird später altern –, dem Duca di Regina[67], von allen geliebt und von allen Parteien, Unterparteien, Fraktionen und Unterfraktionen verehrt. Der lärmende Aufruhr der Ideen, der immer heftigere Sturm der Meinungen, die ganze gewaltige moralische Umwälzung, aus der sich bald das neue, schon heraufdämmernde Gewissen strahlend wie die Morgenröte erheben wird, hat bereits jegliche Kriterien und Konzepte auf den Kopf gestellt, sodass all jene, die sich noch an den traurigen Plunder der Vergangenheit klammern, die weiter versuchen, kaputte und stumpfe Waffen zu schwingen, die versuchen, eine verblasste und zerfetzte Fahne zu schwenken, tatsächlich nur noch ein ironisches und mitleidiges Lächeln hervorrufen!

Doch in diesem seltsamen Durcheinander sucht unsere Stadt, unser Neapel, nach Orientierung durch die Fakten und nach Wahrheit im gesunden Menschenverstand. Neapel sagt gelassen: »Also, ich muss wieder auferstehen. Ich will nicht nur leben, sondern ich muss all meine sozialen und individuellen Kräfte entfalten. Jeder meiner Bürger, auch der unbedeutendste, der einfachste, muss Arbeit, Gesundheit, Schutz und Bildung erhalten; und alle Bürger und ich, Neapel, wir müssen unseren schönen, edlen und starken Platz im arbeitsamen und erfolgreichen modernen Leben einnehmen. Nicht nur ich selbst will auferstehen, sondern alle Italiener mit Herz wollen meine Auferstehung. Selbst meine Brüder im Norden strecken mir liebevoll ihre feste Hand entgegen, damit ich auferstehe. Selbst die Männer des Parlaments, die Männer des Staates, selbst der Herrscher, wünschen sich sehnlichst meine Auferstehung. Aber diese sollte sich in der umfassendsten, mächtigsten, klarsten und reinsten Form vollziehen. Damit ich auferstehen kann, muss jedoch Kapital aus dem Ausland und dem Norden zu mir kommen und es sei gesegnet, vorausgesetzt es wird an meinen Toren und innerhalb meiner Mauern mit Steuern belegt, wenn es hineinwill. Damit ich wieder auferstehen kann, müssen hier große Industrieunternehmen entstehen, in denen die

Arbeiter angemessenen Lohn und soziale Unterstützung bekommen, mit denen die Besitzer auf ehrliche Art Gewinn machen können, in denen die Kapitalisten ihr Geld legal und sicher anlegen können, in denen all die schöne und aufgeweckte neapolitanische Klugheit ein Betätigungsfeld findet und sich all die freundliche Verstandeskraft in nützlicher und fleißiger Arbeit zeigen kann. Doch diese unternehmerischen Geschäfte müssen im Lichte des Tages gemacht werden, ohne zwielichtige Transaktionen, ohne anrüchige Konzessionen und ohne Prämien oder Provisionen. So wie es anderswo gemacht wird, in Mailand, Genua und Turin, wo Hunderte solcher Unternehmen entstanden sind, leben und gedeihen, ohne dass es nötig war, jemanden zu bestechen. So muss auch hier, in meiner neuen moralischen Atmosphäre, diese schöne Sache, *das ehrliche Geschäft*, das einfache Geschäft entstehen; ein Handel, bei dem es nirgends unerlaubte oder maßlose Gewinne gibt, sondern wo alle Geschäfte sich entwickeln, prosperieren, wachsen, Gutes bringen und dadurch zu einem integralen Bestandteil meiner Auferstehung werden. Damit ich vollständig auferstehen kann, müssen die bereits existierenden Banken meinem Volk, den ehrlichen Unternehmen und Initiativen helfen und die Menschen, die Unternehmer und alle, die einen Kredit brauchen, vor dem Wucher retten. Weitere Banken müssen mit Geld von außen und mit hiesigem Geld gegründet werden; und alle Banken, die neuen wie die alten, dürfen nicht die Schwachen und Elenden belasten, dürfen keinen unklar definierten Zwecken dienen, sondern müssen – ja, auch die Banken – über ein moralisches Kriterium der Hilfe für mein Volk verfügen.

Ich fordere Arbeit, ich fordere Unternehmen, ich fordere Industrie, ich fordere Banken, die mich von Elend, Müßiggang und der Kulturlosigkeit erlösen. Aber das alles muss auf eine andere Weise geschehen, nicht mehr so wie bisher, sondern auf eine offene, treue, ehrliche Weise, in einer rechtschaffenen Form, mit vollkommener Redlichkeit, mit Gewissensstrenge auf allen Seiten, die in einem solchen Umbruch der Weg der Wahrheit und des Lebens sind!«

Und wissen Sie, was Neapel zu den zwar nicht unmittelbar bevorstehenden, aber doch nahen Kommunalwahlen sagt? Neapel sagt dies: »Es ist mir gleich, ob Kleriker, Bourbonen, Gemäßigte, Liberale, Demokraten, Sozialisten oder Anarchisten in den Stadtrat einziehen. All das ist mir gleich. Ich will ehrliche Männer. Ich will Verantwortungsbewusstsein. Ich will starke Persönlichkeiten. Ihre politische Meinung interessiert mich nicht, nur ihre moralische Gesinnung. Ich will keine Diebe in der Kommune; und mit Dieben meine ich nicht nur diejenigen, die sich mein weniges, knappes Geld in die Tasche stecken, sondern alle, die den Dieben helfen oder zulassen, dass mein Geld gestohlen wird, indem sie die Augen verschließen. Ich will in der Kommune weder Geschäftsleute noch deren Paten, deren Vertreter oder Freunde von deren Freunden. Gibt es unter den Liberalen ehrliche Männer? Ich werde es sehen. Sobald ich ihnen begegnet bin und sie kennengelernt habe, werde ich ihnen vertrauen; und ich werde die ehrlichsten Liberalen in den Stadtrat schicken. Die Kleriker mögen Rom als Hauptstadt nicht, sie wollen den 20. September[68] nicht feiern, sie ärgern sich darüber, dass sie den König verehren müssen. Aber sind sie ehrlich? Sobald ich auf ihre Redlichkeit vertrauen kann, werde ich für sie stimmen. Und später mögen sie daran denken, meine italienischen Gefühle nicht zu verletzen. Die Sozialisten sind gewalttätig, sie sind unbeherrscht, oft Utopisten. Aber sind sie ehrlich, und wollen sie den Triumph der Ehrlichkeit, wollen sie ihn mit aller Kraft, so wie ich ihn will? Ich werde für sie stimmen wie ein einziger Mann. Ich werde für all jene stimmen, die sich mir bei Licht betrachtet als Ehrenmänner offenbaren. Ein Ehrenmann kann Fehler machen, aber er kann mich nicht verraten. Ein Ehrenmann kann sich irren, aber er kann mich nicht verkaufen. Gegenüber der Welt, die mein langes Unglück kannte, gegenüber Europa, das über mich staunte wie über ein Verbrechernest, gegenüber Italien, das mich mit trauriger Überraschung betrachtete, muss ich noch einmal und mehr denn je beweisen, dass mein Unglück nur von einigen meiner ruchlosen Söhne herrührte, dass das Nest nur der kleine Bau dreckiger Nager war, dass ich Tausende und Abertausende von ehrlichen, braven Bürgern habe und dass ich unter diesen Tausenden die ehrlichen, die mich verwalten sollen, noch einmal auswählen kann und will. Ganz gleich, welches Gewand auch immer ein Mann mit treulosem Gewissen trägt, ich werde ihn erkennen; ganz gleich, welche Maske auch immer sein Gesicht bedeckt, ich werde sie herunterreißen. Wie auch immer sie versuchen werden, mich zu täuschen, es wird ihnen nicht mehr gelingen.

Zu sehr haben meine Ehre und mein Wohlstand gelitten. Zu oft habe ich vor Scham und Empörung geweint. Ich muss anfangen, mich selbst zu retten, wenn ich vor allem und jedem gerettet werden will. In meiner Hand liegt meine erste Auferstehung, nämlich die meines moralischen Daseins, meiner gesellschaftlichen Würde. Ich werde der Welt, Europa und Italien beweisen, dass ich aller Gaben des Schicksals würdig bin, dass ich aller brüderlichen Hilfe würdig bin, dass ich, Neapel, die Stadt ehrlicher Menschen, nur die Ehrlichen in den Stadtrat schicke und sie bitte, sich für meine Rehabilitation zu begeistern und sie fortzusetzen!«

Christus sagt …

Bei diesem einzigartigen, heftigen und gewaltigen Streik[69] in Torre Annunziata gegen den *Trust* der Industriellen ist es vermutlich besser und sinnvoller, dass wir darüber hinwegsehen, darüber hinwegsehen sollten, warum und wie dieser Trust überhaupt entstanden ist, auf welchen Abmachungen er beruht und an welches Geldinstitut oder welche Person die vielen Vor- und auch vielen Nachteilen, aufgeteilt oder in Summe, gehen. Einzeln betrachtet sind die Industriellen von Torre Annunziata vermutlich keine hassenswerten und grausamen Kapitalisten, ganz im Gegenteil. Auch sie stammen vielleicht aus dem hart arbeitenden Volk und verdanken es der Mühe und dem Schicksal ihrer Eltern, verdanken es ihrer eigenen Anstrengung und ihrem gnädigen Schicksal, wenn das Glück sie an die Spitze eines Vermögens gestellt hat; und wenn dem so ist, wird ihr achtsames Herz nicht vergessen, wie ihre Väter angefangen haben, wie sie selbst in ihrer Jugend angefangen haben; und diese unauslöschliche Erinnerung sollte auf jeden Fall den Hochmut und die Härte jener, die auf Seiten des Geldes und der Macht stehen, gemildert haben und immer noch mildern. Sicher ist aber auch, dass die Industriellen in diesen zwei Monaten eines wahrlich heldenhaften Kampfes schwere finanzielle Verluste, deren Folgen noch nicht absehbar sind, erlitten haben und weiter erleiden. Denn jeder von ihnen hatte sein eigenes Polster und manche ein sehr beträchtliches Vermögen. Und ebenso sicher ist es, dass viel Energie vergeudet und unzählige Gelegenheiten verpasst wurden; diese Schäden sind enorm, so enorm, dass sehr viel Zeit, Kraft, Arbeit und Geduld nötig sein werden, um sie zu beheben. Achten wir daher darauf, dass jedes unserer Worte gerecht ist, wenn die Leute uns für gerecht und rechtschaffen halten sollen; und beschuldigen wir nicht die Menschen, die an der Spitze des gesellschaftlichen Reichtums stehen, mit der Ausrede, dass sie reich sind, was die Armen kränkt. Obwohl das Schicksal mehr und mehr dazu neigt, überall den Reichtum zu nivellieren, ihm vor allem gewisse Gesetze, gewisse Pflichten und gewisse Zwänge aufzuerlegen, die ihn langsam schmälern, ihm quasi seine gesamte Stärke und seinen Umfang nehmen, ihm quasi ununterbrochen das Gespenst der weniger Glücklichen und Niederen vor Augen halten und ihn dazu bringen, dieses Gespenst als etwas Lebendiges zu betrachten und zu fürchten, so wird es in der Welt trotz allem immer Reiche geben; und der rege Verstand, der feste Wille, die eiserne Zielstrebigkeit und das Zusammentreffen von Umständen, die wir Glück nennen, werden immer die Gaben der Erde und des Himmels erhalten; und es ist ungerecht, sie zu bestrafen, nur weil sie Wesen ohne Verstand, ohne Willen, arm an Seele und Körper sind, bestimmt für ein dürftiges Leben, aus dem kein Gesetz, kein Staat und kein Mensch sie befreien kann. Der Reichtum wird zu Recht verfolgt, wenn er tyrannisch, hart, stolz und unbarmherzig ist; und oft auch einzig und allein, weil er der Reichtum ist; soll er sich also verteidigen, wie er kann, wenn er es denn kann, wenn er es versteht, wenn er es will und wenn es ihm gelingt!

Doch wir schenken unser ganzes schwesterliches Herz, das von einem Gefühl des Wohlwollens überquillt, diesen fünftausend Arbeitern, die seit etwa siebzig Tagen aller körperlichen und seelischen Traurigkeit widerstehen und in Torre Annunziata ein wirklich bewundernswertes Beispiel für Standhaftigkeit, Beständigkeit und Opferbereitschaft liefern. Mögen alle Arbeiter der Welt auf dieses schöne Städtchen blicken, das sich im Meer spiegelt, und möge man diesen Arbeitern großen Respekt entgegenbringen, die durch all ihre Entbehrungen nicht nur ihrer Sache, sondern der Sache aller Arbeiter dienen. Seit mehr als zwei Monaten streiken sie bereits, geduldig, wachsam, unzugänglich. Und ihre materiellen Leiden sind ziemlich groß. Nach und nach ist ihnen das Geld zur Aufrechterhaltung des Streiks ausgegangen und sie haben sich damit abgefunden, dass der Beistand der Arbeiterverbände immer weiter schwindet und dass immer weniger Mittel vorhanden sind. Ab und zu kommt eine großzügige Spende, doch sie sind viele, die Not ist groß und nach einigen Tagen wird die Enge, das Elend, ja, benennen wir es klar und deutlich, wird das Elend schwerer, düsterer und schwärzer. Wissen Sie, was viele von ihnen essen? Kartoffeln! Die Bauern, die barmherzigen Landarbeiter, lassen die Familien der Arbeiter die Kartoffeln stoppeln, ohne sie zu vertreiben; und jeden Morgen ziehen die Kinder der Arbeiter mit Säcken über den Schultern auf die Felder, in die Gärten und zu den Bauernhöfen, um Kartoffeln zu ernten. Das kostet nichts und ist Nahrung; zumindest eine warme, in Wasser gekochte Mahlzeit, die Männer, Frauen, Kinder und alte Leute satt macht. Man könnte hundert mitleiderregende, anrührende Geschichten über sie erzählen und darüber, wie sie sich gegenseitig unterstützen, wie die Stärksten den Schwächsten Kraft geben; dass die Frauen eifriger und entschlossener sind; dass nicht einer versagt, nicht einer verrät, nicht einer es wagt zu verraten. Fünftausend sind sie, aber der Wille ist nur einer, fest wie ein Eisenträger, den nichts verrückt, der sich nicht bewegt und durch nichts gebrochen wird. Doch mittlerweile sind ihre Eingeweide vom Hunger zerfressen. Oft können sie ihren Kindern nichts geben. Nach und nach ist alles, was sie zu Hause hatten, weg, verpfändet oder verkauft. Ihre Freunde, ihre Gefährten, ihre Geschwister haben ihnen geholfen, wie sie konnten, doch selbst diese Hilfen sind begrenzt, sie können nicht trösten, können es nicht mit so einer gewaltigen Masse aufnehmen. Fünftausend sind sie und sie scheinen wie ein einziger Mann, dessen unbesiegbarer Wille seit siebzig Tagen täglich ein Wunder vollbringt, nämlich alle Entbehrungen zu ertragen, nicht zu klagen, keinen Schritt zurückzuweichen und an den Sieg zu glauben, ja, zu glauben; denn es ist der Glaube an das

Ideal, der am Ende immer erstrahlt! Fünftausend sind sie und sie haben sich als ein Mann dem Wohl ihrer Gemeinschaft verschrieben, einer besseren Zukunft; und in diesem sozialen Gelübde, das sie abgelegt haben, geben sie, wie die alten Helden, das Beste ihres Blutes und das Beste ihrer Kräfte. Fünftausend sind sie und jetzt, nachdem sie mit ihrem großen Mut alle Hindernisse überwunden haben, geht das Opfer aller immer weiter und wird nicht ohne Triumph enden, damit einhundertsechs von ihnen nicht auf der Straße landen, ohne Arbeit und ohne Brot!

Der Berg der Versuchung in Palästina erhebt sich zwischen den blühenden Ebenen, in denen der klare Fluss Jordan fließt, und der großen Wüste, in der das bleierne Tote Meer dampft, das Sodom und Gomorra unter seinen trüben und bitteren Wassern begraben hat. Dieser Berg ist nicht hoch, doch er ist felsig und steil. Dort wächst keine Pflanze, blüht keine Blume. Christus verbrachte dort vierzig Tage im Gebet, in Einsamkeit, in Buße, nachdem sein Wegbereiter ihn im Wasser des Jordans getauft hatte. Er war allein auf dem Berg und der Böse versuchte ihn. Christus war durch Beten und Fasten erschöpft. Der Teufel sagte: *»Du stirbst vor Hunger; bist du der Sohn Gottes, so sprich, dass diese Steine Brot werden.«* Christus schwieg. *»Tu' ein Wunder«*, wiederholte der Teufel, *»und verwandle die Steine in Brot!«* Doch Christus sah ihn an und sagte zu ihm: *»Der Mensch lebt nicht vom Brot allein.«*[70] Ach, welches Wort hast du von diesem Berg herab gesprochen, Herr, denn es ist das größte, höchste, reinste und flammendste Wort aller Zeiten, für jeden Geist! Vor zweitausend Jahren hast du es gesprochen, in einer heiligen Stunde, als die Seele sich im Kampf gegen den Versucher erhob, der dir auf einem kahlen, nackten Berg, in echoloser Einsamkeit, in einem Augenblick alle materiellen Güter der Erde anbot. Und das Wort hallt in der Welt des Geistes als Trost und Lobpreisung. Dieses Wort hast du für Arme, Schwache, Unglückliche und Leidende gesprochen. Dieses Wort hast du gegen Reiche, Mächtige, Hochmütige und Gottlose gesprochen. Dieses Wort hast du im ewigen, nie endenden Krieg zwischen Elenden und Schwelgern verkündet. Was ist die Armut, wenn der Mensch nicht vom Brot allein lebt, sondern von geistiger Nahrung, die seine Seele erstrahlen und großartig werden lässt und seine körperliche Vergänglichkeit überwindet? Was ist das Leid, wenn nicht das Brot allein den Menschen nährt, sondern ein innerer Trost, der ihn stärker macht als jede Traurigkeit? Was sind Entbehrungen, Mühsal oder harte Opfer, wenn zur Überwindung dieser Qualen nicht Brot allein nötig ist, sondern eine moralische Kraft, die bis zum Heldentum führt? Zu Abertausenden sind diese unbekannten Seelensoldaten in der Welt gefallen, dezimiert durch Hunger, Kälte und Siechtum, doch sie haben ihre Idee, ihre Flamme, ihre Hoffnung an andere Kämpfer weitergereicht. Und dieser Kampf gegen alle niederen und schmählichen Versuchungen, dieser Kampf im Namen des Geistes, der über das Fleisch triumphiert, hat schon tausend überwältigende Siege erlangt. O ihr

Bergleute, die ihr in den Eingeweiden der Erde erstickt, o ihr Bauern auf den Feldern, die ihr euch über den Spaten beugt, o ihr Arbeiter, die ihr in den Fabriken unter der schweren Mühsal zusammenbrecht: Das Wort vom Berg der Versuchung ist der Balsam, der euch heilt, euch belebt und euch erhebt, ob ihr nun Christen seid oder nicht. Er, der arm war und nur die Armen liebte, der von niederem Stand war und die Mächtigen verfolgte, der demütig war und den Hochmut verachtete, Er, der für alle Unglückseligen leben und sterben musste, sagte zu Satan, dem Herrn aller menschlichen Reichtümer: »Der Mensch lebt nicht vom Brot allein.« Wann immer ein Geschöpf der Erde statt der Schande den Hunger vorzieht, statt der Scham die Kälte, statt der Feigheit den Tod, wann immer ein menschliches Geschöpf im Kampf gegen das Vermögen anderer, die Macht anderer, die Tyrannei anderer nicht nachgibt, keine Kompromisse eingeht, sich nicht beugt und manchmal gewinnt und manchmal stirbt, allerdings siegreich stirbt, hat das große Wort sein geistiges Wunder vollbracht.

Brot für die Seele

Wenn der Direktor des MATTINO[71] zufällig in einen Streit mit der Zeitung ROMA[72] gerät, nennt er diese meist die Zeitung der Pförtner. Das bringt mich immer zum Schmunzeln.

Die ROMA könnte die Zeitung der Hausmeister sein, so wie sie die Zeitung der Krämer ist, die zwischen ein und zwei Uhr zum Mittagessen nach Hause gehen, aber sie ist es nicht. Neapolitanische Pförtner können nicht lesen. Würde man eine merkwürdige und absurde Umfrage machen, dann fände man heraus, dass von etwa hundert Pförtnern vier bis fünf lesen können, mehr nicht; doch um die verschiedenen und nicht ganz einfachen Pflichten ihres Berufs zu erfüllen, nutzen die neapolitanischen Pförtner die natürliche Wendigkeit ihres Verstands, überbringen Botschaften, verteilen Visitenkarten, stellen Briefe und Zeitungen zu, obwohl sie nicht lesen können. Auch die Kutscher gehören zu diesen aufgeweckten Leuten, falls man denn einen findet: Bitten Sie beispielsweise einen Kutscher, Sie in die Via Partenope Nummer 18 zu bringen, wird er Sie erstens fragen, ob es sich um das Partenope-Theater handelt, und zweitens wird er, sobald Sie die Via Partenope erreicht haben, die Nummer 18 nicht finden. Der neapolitanische Kutscher kann selten lesen und übersieht fast immer die grafische Darstellung der Zahlen, selbst wenn er ein begeisterter Lottospieler ist. Geht man die verschiedenen Gesellschaftsschichten durch, bemerkt man nicht nur als Fremder mit Erstaunen und Bedauern, dass es unter den so intelligenten, lebhaften und flinken Neapolitanern unzählige Menschen gibt, die nicht lesen können; und selbst Sie, Sie als Neapolitaner, bedauern jedes Mal zutiefst, sobald Sie einem ahnungslosen Analphabeten gegenüberstehen, diese Barbarei und Unwissenheit; manchmal überkommt Sie dann der Abscheu vor so viel Vergessenheit und Verwahrlosung, in der diese armen Menschen zurückgelassen werden. Hin und wieder, während eines traurigen Gesprächs mit einem dieser Nachtgespenster, die einem die abendlichen Spaziergänge bescheren, während dieser einzigartigen und düsteren Begegnungen mit einem Jungen der Unterwelt, einem Kippensammler, einem fliegenden Cafetier, hören Sie das verinnerlichte, bittere und grausame Motto, mit dem die Neapolitaner ihren tiefen Respekt vor der Kultur und den Schmerz über die eigene Unwissenheit ausdrücken; ein grausames Motto, das aus der Tiefe der Seele wie ein bitterer Vorwurf an die Oberschicht aufsteigt. Sie interessieren sich für den *guaglione* der Unterwelt, für den geisterhaften *mozzonaro*, für den merkwürdigen Cafetier, der wie ein Gespenst seit dem Morgengrauen durch die neapolitanischen Straßen zieht. Sie bedauern sein Schicksal, und er bedauert sich selbst, mit gelassen hängenden Schultern. »Aber kannst du denn lesen?«, fragen Sie ihn. Er sieht Sie an und antwortet: »*Signò, wenn ich lesen könnte, wäre ich nicht hier. Ich wäre in einem Palazzo.*« Für die Neapolitaner kann derjenige, der des Lesens mächtig ist, kein Kippensammler, Olivenverkäufer oder nächtlicher Dieb sein, sondern kann König oder etwas Ähnliches werden; er lebt im Palast und nicht in einem Elendsquartier oder auf den Stufen einer Kirche, er kann Männer befehligen und landet nicht im Gefängnis oder im Krankenhaus.

Hunderte, Tausende von kleinen Jungen und Mädchen wimmeln und vegetieren in den Straßen, von den elegantesten Boulevards bis zu den schmutzigsten Gassen, halbnackte Geschöpfe, barfuß, schlecht oder kaum bekleidet. Und niemand weiß, woher sie kommen oder wohin sie gehen, zu wem sie gehören, wie sie leben, wie sie sterben. Und doch haben die armen Mädchen, die armen Jungen Mütter und Väter; und diese unglücklichen Eltern, die entweder arbeitslos sind oder einem schlecht bezahlten, anstrengenden, harten Tagwerk nachgehen, würden die Kinder, ihr Fleisch und Blut, gern in einen Kindergarten oder eine Schule schicken. Sie wünschen sich, dass ihren Kindern zusätzlich zu dem wenigen trockenen Brot für den Leib, das ihnen nur streng rationiert zugeteilt wird, auch das Brot für die Seele, die Bildung, gegeben wird, und zwar von denen, die dazu verpflichtet sind, deren sakrosankte Aufgabe das ist. Welch törichter Wunsch! Diesen vielen kleinen Kindern, den Mädchen und Jungen, wird weiterhin oftmals die Möglichkeit fehlen, satt zu werden, denn es scheint, dass die neapolitanische Armut sehr pittoresk ist, und die Wächter dieser Ästhetik lieben das ausdrucksstarke und traurige Erscheinungsbild des sozialen Leids. Und so fehlt natürlich das Brot für die Seele, das, was gute geistige und moralische Früchte bringen würde. Es fehlt auf jeden Fall die Bildung. Noch gibt es im Volk eine seltsame und typische Einrichtung, eine Art kleine Schule, die von ein paar Frauen in einem größeren Basso betrieben wird. Andere Frauen, Arbeiterinnen, Hausmädchen, Wäscherinnen oder Plätterinnen bringen ihre Söhne und Töchter morgens dorthin, bevor sie zur Arbeit gehen, und geben einen Soldo am Tag. Die Zahlungskräftigsten, nennen wir sie mal so, geben zwanzig Soldi im Monat, die Unglückseligsten fünfzehn. Die Frau, die die Schule leitet, bringt all diesen Geschöpfen jedoch nichts bei. Sie hält sie ein wenig zusammen, dann lässt sie ihnen freien Lauf. Sie schimpft ständig mit den Kindern, schreit ihnen hinterher, versohlt sie. Geheul, Geschrei, Geschluchze. Denn schließlich ist sie bis zum Abend für jedes Mädchen und jeden Jungen verantwortlich, für einen Soldo am Tag, für drei Centesimi, für zwei Centesimi. Ich erinnere mich an meine Jugend, an ein gewisses höheres Diplom, für das ich drei Jahre lang studierte, und an die Mission, den *Töchtern des Volkes* das Brot für die Seele zu bringen, die mir durch jede falsche Rechenaufgabe wieder bewusst wurde. Als ich schließlich auf wundersame Weise dieses Diplom erlangt hatte, wurde ich zu einem Referendariat als Lehrerin in einer dieser Schulen verpflichtet; dort drängten sich die Töchter des Volkes, denen ich Lesen und Schreiben beibringen sollte.

Ich ging voller Interesse, voll verborgener Angst, aber auch voller Aufregung, als Referendarin zu arbeiten, dorthin und fand mich unter vielen sehr anständig, zum Teil sogar elegant gekleideten Mädchen wieder. Ich befragte diese Töchter des Volkes, eine nach der anderen, wer sie seien, woher sie kämen; und so erfuhr ich nach und nach, dass sie die Töchter von Fachleuten, Angestellten, Ladenbesitzern oder Geschäftsleuten waren und unter zweiundsiebzig Schülerinnen war lediglich eine einzige Tochter des Volkes, zerlumpt, blass, sehr vorlaut, sehr intelligent und bezaubernd. Eine! Später, als ich die Schule verließ, weil mein Referendariat beendet war, verschwand die kleine Buonfantino, die mein liebevolles Herz nie vergessen konnte, denn sie starb im Alter von elf Jahren an Schwindsucht. Sie war eine Tochter des Volkes, doch die Schule war nicht für sie gemacht!

Denn es gibt keine Schulen in Neapel! Es gibt einfach keine! Ab und zu treffen wir uns, veranstalten einen prächtigen Ball, verlosen Kunstgegenstände; die feine und die weniger feine neapolitanische Gesellschaft nimmt daran teil und am Ende erhält das Rote Kreuz dreißigtausend Lire. Doch es fehlen die Schulen und Tausende von Jungen und Mädchen verfaulen an Leib und Seele in den schlammigen Straßen. Es gibt keine Schulen: Stattdessen veranstalten wir einen Monat lang mit sechzig Damen an den Kiosken einen riesigen Trubel und die achtzig oder neunzig Blinden von Caravaggio[73], die schon zwei oder drei Vermögen geerbt haben, erhalten fünfundzwanzigtausend Lire. Es gibt keine Schulen: Stattdessen organisieren andere Damen der Società Margherita[74] – und ich mit ihnen – Konferenzen, Aufführungen, Ausflüge, um zweiundzwanzig oder siebenundzwanzig Blinden zu Hause zu helfen, indem sie ihnen ein Klavier, einen Phonographen oder ein Fahrrad kaufen! Es gibt keine Schulen in Neapel, die Lehrerinnen verhungern und die Mädchen und Jungen des Volkes werden lasterhaft, korrupt, ehrlos und kriminell. Man wundert sich über die Statistik der Schande und des Verbrechens in Neapel, wenn man vergisst, dass es keine Schulen gibt, dass manch herzensguter Stadtrat vergeblich fordert, mehr Schulen zu eröffnen, während das geschmacklose Projekt in Santa Lucia, dem Viertel der Hässlichkeit, eine Million zweihunderttausend Lire benötigt, weil es irgendeinem anderen Stadtrat so passt! In Neapel gibt es keine Schulen und diese Katholiken im Rathaus schämen sich nicht, die Schande des Analphabetismus weiter aufrechtzuerhalten, für den wir uns alle schämen, nicht nur vor den Fremden, die darüber lachen und uns verspotten, sondern auch vor den Italienern aus der Lombardei und dem Piemont. Ich weiß nicht, wie viele Jahre schon wir über den Maschio Angioino[75] fantasieren und Geld dafür ausgeben, während der widerlichste Wundbrand das neapolitanische Volk zerfrisst, das im Dunkel der Unwissenheit gefangen ist. Und nicht einmal die Katholiken, die seit Christus Unserem Herrn die Liebe zu den Geringsten und Unbedeutenden gelernt haben sollten, tun etwas dagegen. Die Sozialisten forderten die Schulspeisung. Sie hatten Recht, doch vor der Schulspeisung, die den Kindern der Wohlhabenden zugutekommen würde, sollte man erst einmal überall hunderte Schulen eröffnen; das ist soziale Nächstenliebe, soziale Solidarität! Stattdessen sorgen wir uns darum, ob der Kronleuchter im Theater San Carlo denen, die in der vierten und fünften Reihe sitzen, die Sicht nimmt – eine ziemlich ernste Angelegenheit. Diejenigen, die sich über diese spitzfindige Anmerkung aufregen, werden gebeten, sich ein bisschen zu informieren, wie viele der üblichen Bewohner der Gefängnisse San Francesco, Sant' Eframo und Santa Maria ad Agnone lesen können. Danach mögen sie sich ruhig die Hände vors Gesicht halten, falls sie vor Scham leicht erröten!

Der Vater des Volkes

Meine Augen haben ein imposantes und ergreifendes Schauspiel gesehen; und die Erregung, die durch große und ehrliche Ereignisse hervorgerufen wird, hat auch meinen Geist erschüttert. Ein Volk schrie voller Verzweiflung, voller Wut, voller Trauer, weil Ettore Ciccotti[76] nicht mehr Abgeordneter des Stadtteils Vicaria ist. Drei Tage und drei Nächte drückte sich diese Wut des Volkes, schluchzend und weinend, in den alten, kindlichen und einfachen Formen eines Volksaufstands aus: durch den Stein, der aus den Vorstadtstraßen gerissen wird und pfeifend durch die Luft fliegt, durch das raue Holzstück, das nicht einmal ein Stock ist, aber verteidigt und bedroht, durch die Blumenvase, die aus dem kleinen Fenster der Elendsbehausung geworfen wird; und durch den irrwitzigen Wunsch zu sterben, vorwärts drängend gegen geladene, schussbereite Waffen, selbst der Frauen, vorwärts drängend unter den Hufen der Soldatenpferde, ganz berauscht vom Tod! Dass das Abenteuer des Volkes von Vicaria nicht ungleich tragischer verlief, ist Ettore Ciccotti selbst zu verdanken, der im Namen der tiefen Verbundenheit zwischen ihm und den Einwohnern von Vicaria mündlich wie schriftlich zu Ruhe und Frieden aufrief. Es ist seinem Rückzug, seiner Abwesenheit zu verdanken, einem Akt von zärtlichem

Altruismus, mit dem er sich der schrecklichen Aufregung entzog und damit Revolution und Tod verhinderte. Ein weiteres Mal rettete er das Viertel Vicaria vor Blutvergießen und Gemetzel. Und langsam ebbt dieser wahnsinnige Zorn ab, denn der gewaltige Ansturm der Massen kann und darf nicht von Dauer sein. Die Trauer über den Verlust von Ettore Ciccotti als Abgeordneter von Vicaria ist überall in hundert rührenden Geschichten belegt. An der Kreuzung steht eine Drehorgel und der Mann an der Kurbel beginnt, eine wunderliche Musik zu mahlen; ein anderer singt und das Lied erzählt von Ciccotti, dem Vater des Volkes, und alle stimmen ein, singen im Chor, die Menge wächst. Postkarten mit Ciccottis Porträt kursieren unter den Leuten. Frauen reißen es an sich, küssen es, drücken es an ihre Brust. Ein Zeitungsverkäufer geht vorbei, ein alter Mann. Sein Kopf ist bandagiert. Er wurde in einer dieser Nächte verletzt. Langsam geht er und ruft mit schwacher Stimme die Neuigkeiten aus. Als Refrain fügt er hinzu: *»Sie haben unseren Vater Ciccotti umgebracht.«* In einer Ecke der Porta Capuana spricht eine Frau inmitten anderer Frauen. Sie ist aufgeregt, hat Tränen in den Augen und erzählt von irgendeiner Wohltat, die Ciccotti ihr erwiesen hat; und nach und nach fangen auch die anderen an zu jammern. Und als wäre jemand gestorben, rufen sie: *»Wir haben unseren Vater verloren, unseren Vater!«* Anderenorts wird ein gut gekleideter Mann, ein Signore, der in der Nachbarschaft bekannt ist, von Frauen umringt, die ihm von ihrem Unglück erzählen, und er hört nachdenklich zu und lässt den Kopf hängen. Und der melancholische, traurige Refrain beginnt von Neuem: *»Sie haben ihn uns genommen, Signò, sie haben ihn uns genommen!«* Betreten Sie in Vicaria nicht die Läden des Bürgertums, sondern die Bassi von San Giovanni a Carbonara, von Via Santi Apostoli, die Bassi in den Nebenstraßen des Nuovo Corso Garibaldi oder von Porta Capuana, und in jeder dieser Höhlen, in denen es an Luft und Licht mangelt und in denen die Neapolitaner wegen ihrer schlechten Regierung leben, als wären sie keine Menschen, werden Sie das Porträt von Ettore Ciccotti finden, gleich neben der Madonna. Erwähnen Sie gegenüber dem Mann, der Frau aus dem Volk Ciccotti und Sie werden sehen, wie ihre Gesichter leuchten und sie sich begeistern, denn Sie sprechen von ihrem Vater, nicht von dem, den die Natur ihnen gegeben hat, sondern vom Vater ihres Elends, ihrer Erniedrigung, ihres Schmerzes!

Doch diese Bewohner von Vicaria sind keine Wähler: Sie sind ein Volk. Und mehr noch. Sie sind eine Menge von Unglückseligen, die mit dem tausendfachen Erbe aus Krankheit, Armut und Laster geboren wurden und für die sich nichts und niemand je eingesetzt hat, weshalb sie im Namen Gottes, im Namen der Natur, als Brüder betrachtet werden sollten, zwar als unglücklichste und elendste, doch als Brüder. Sie sind Unglückselige, denen niemand Brot und Arbeit zu geben gedenkt, denn bevor Brot und Arbeit sie erreichen, müssen tausend elegante Diebe beides entwenden oder erpressen. Sie sind Unglückselige, denen niemand eine Schule gibt, denn die Signori der Kommune schenken lieber einer Firma, die kurz vor der Pleite steht, mit Freuden eine Million, schaffen aber keine Schulen. Sie sind Unglückselige, denen die Arbeit schwer auf dem Leben lastet. Selten finden sie eine, schwer können sie dadurch überleben, denn sie ist schlecht bezahlt, prekär, unsicher, lächerlich. Sie sind Unglückselige, die oft kriminell sind oder es werden, aber nicht durch ihre eigene Schuld, sondern durch die Schuld einer blinden, tauben und gleichgültigen Gesellschaft, hart wie Stein.

Keine Wähler! Ein Volk. Ein echtes, vielköpfiges, bescheidenes Volk, in unbeschreiblicher Menge, mit Gesichtern, in denen sich Entbehrung und Traurigkeit spiegeln, mit heiseren, von Hunger und Krankheit verhüllten Stimmen, mit Erbanlagen, die ein Atavismus der Armut geschaffen hat, mit dem Instinkt zum Bösen, der durch ein langes Dasein in Elend und Jammer gefördert wurde, und mit der Neigung zum Bösen, die diese jahrhundertelange grausame und sture Vernachlässigung ihres schrecklichen Schicksals ihnen aufgezwungen hat. Aber die niederträchtige Gesellschaft hält sich die Augen zu, um dieses Volk nicht zu sehen, und läuft davon, um seine Existenz zu vergessen, und glaubt, dass diese Flucht die Rettung sei. O Jesus Christus, du bist vor diesem Volk nicht davongelaufen, das zu allen Zeiten von allem Bösen unterdrückt und von Mächtigen und Hochmütigen zermalmt wurde! Du hast es überall gesucht. Wo immer ein Elender, ein Leidender, ein Sünder, ein Kranker, ein Verbrecher war, hast du ihm die Hand gereicht, hast ihn umarmt, hast ihn Sohn genannt. Du hast die Frau der Verderbnis, das Sinnbild aller Sünderinnen, aller Verbrecherinnen, sich zu deinen Füßen knien und um Vergebung bitten lassen, und durch sie hast du alle Sünden der armen, schwachen, vergänglichen, zerbrechlichen weiblichen Geschöpfe vergeben, denen die Tugend nicht hilft.

Ach, Leo Tolstoi[77], der christlichste aller Christen, Sie laufen vor diesem Volk nicht weg, Sie haben nur die als Brüder gegrüßt, die leiden, Sie haben der heuchlerischen und verdorbenen Gesellschaft all ihre Betrügereien und Schandtaten vorgehalten, Sie sind zu den Elenden und Unglückseligen hinabgestiegen und nur diesen wird in Ihren Büchern die Ehre Ihres Mitleids und Ihrer Güte zuteil. Vater des Volkes war unser Herr Jesus Christus. Und Vater war jeder, der Reiche und Boshafte verachtete und die körperlichen und seelischen Wunden der Unglückseligen heilte. Und zu unseren Lebzeiten wird derjenige Vater genannt werden, der sich nur darum kümmert, die Tränen der Weinenden zu trocknen, die bedrückten Seelen aufzurichten, und denen ein moralisches Gewissen zurückzugeben, denen das Schicksal es genommen hat. Als einen solchen Vater hat das Volk von Vicaria Ettore Ciccotti bezeichnet, weil er vor dem Grauen dieses Daseins nicht die Augen verschlossen hat, weil er nicht weggelaufen ist, überwältigt von einem Gefühl des Schreckens und der Hilflosigkeit. Denn er blieb mutig, geduldig, nachsichtig, er tröstete, war wohltätig, er versuchte, den Geist zu stärken, und stand dem Körper bei. Denn er hatte Mitleid, aber kein übertriebenes und beleidigendes Mitleid, kein steriles und fruchtloses Mitleid, sondern ein demütiges und brüderliches Mitleid, ein förderliches und fleißiges Mitleid, ein gesittetes und freundliches Mitleid. Tausendmal hat dieses vergessene, verlassene, verratene Volk von Vicaria in Ettore Ciccotti nicht den Heuchler angetroffen, der zur Brieftasche greift und zwei Lire gibt, um für zwei Lire Gewissensruhe zu kaufen, sondern ein väterliches Herz, voll jener himmlischen Nachsicht, einer Stärke der Unterdrücker des Volkes, und eine mannhafte Seele, die gleichzeitig erhebende Worte sprach und befreiende Werke tat, die den Schmerz linderte und den Menschen Hoffnung auf ein besseres und anständigeres Leben schenkte. Wundern Sie sich also nicht, wenn die rabiaten Frauen von Porta Capuana und die verderbten Frauen der Via Martiri d'Otranto ihn verehren! So verehrte Maria Magdalena Christus, so verehrte die verlorene und kriminelle Maslowa[78] Tolstoi. Das soziale Bündnis gründet sich auf die hohe, edle und rehabilitative brüderliche Nächstenliebe. Das soziale Wunder wird nur durch erhabene, glühende Frömmigkeit und Liebe geschaffen.

Und was bedeutet es Ettore Ciccotti, Abgeordneter von Vicaria zu sein? Der Mensch in ihm ist dem Amt überlegen, das oft von niederträchtigen oder dummen Leuten ausgeübt wird. Die Schönheit seiner Seele wird nicht durch kindischen Ehrgeiz beschmutzt. Er ist kein Emporkömmling. Der Sozialismus hat ihm nicht dazu gedient, Karriere zu machen. Er hätte wegen hundert anderer geistiger und moralischer Kräfte, die in ihm stecken, Karriere gemacht. Zudem war er nicht immer Sozialist. Die Geschichte seines Damaskuserlebnisses[79], alles zu seiner Ehre, ist die eines rechtschaffenen, reinen Geistes, der sich mit einem einzigen Schlag gegen die soziale Niedertracht in allen Schichten auflehnt, eine Niedertracht, die nicht ihn selbst betrifft, sondern die Menschen um ihn herum. Es ist die ehrliche und ungestüme Rebellion eines Altruisten.

Möge Ettore Ciccotti immer der Vater des Volkes von Vicara sein! Möge er dieses Volk, das er geliebt hat und das ihn liebt, niemals vergessen. Möge er es nicht noch einmal seinem dunklen und grausamen Schicksal überlassen. Möge er das Licht des Wortes, die Schönheit des Vorbilds, die Schlagkraft der Tat zu diesen unglückseligen Menschen bringen, die trotz allem Menschen sind und Spuren von Verstand und Gefühl in sich tragen. Dafür muss man kein Abgeordneter sein. Und vielleicht wird Ettore Ciccotti morgen wieder der Vater sein, falls der junge Adlige, der seinen Platz eingenommen hat, sich entschließt und womöglich dazu fähig ist, im Viertel Vicaria Schüler, Mitarbeiter und Bruder von Ettore Ciccotti zu werden. Der Titel des Vaters ist so schön, so würdevoll! Niemand spricht ihn aus, ohne von ihm ergriffen zu sein. Und im Mund eines Volkes ist er Gebet und Segen.

Neapel, November 1904

Eine Frau

Haben Sie schon einmal das zarte und wehmütige Vergnügen voll geheimer Überraschungen und inneren Zusammenzuckens erlebt, in alten Porträts, einem alten Album, dessen Verschluss seit Jahren nicht mehr geöffnet wurde, oder in einer verstaubten Mappe zu stöbern, deren Bänder schon lange nicht mehr aufgeschnürt wurden? Haben Sie jemals die verblassten Porträts der Verstorbenen betrachtet? Denn rätselhafterweise wirken alle Fotografien von Toten verblasst. Gesichter von Toten, Gesichter von Verstorbenen, die Sie nie wieder sehen werden; Gesichter von Geschöpfen, von denen Sie vielleicht geliebt wurden, doch die Sie selbst womöglich zu wenig liebten, oder solche, von denen Sie damals vielleicht nicht geliebt wurden; Gesichter, die schon von Traurigkeit zerfressen sind oder in einer fast unberührbaren Schönheit erblühen; Gesichter so vieler alter Porträts, von Menschen, die einen Teil Ihres Herzens mitgenommen, vielleicht ein Licht aus Ihrer Seele gerissen oder eine tiefe, unauslöschliche Erinnerung in Ihnen hinterlassen haben! Dieses zarte Vergnügen, mit zitternden Fingern durch die alten Porträts zu blättern, lässt Sie vor Wehmut zusammenzucken. Und wenn Sie, erschrocken über die Geister, die Sie selbst heraufbeschworen haben, das Album fallen lassen und die Mappe schließen, fließen weiterhin Wellen der Bitterkeit durch Ihr Blut. O Vergangenheit, du allein bist wahr! Gerade habe ich ein sehr altes Porträt vor mir, von einer Frau, einer Signora. Es ist eine Fotografie, vielleicht dreißig Jahre alt, und sie wurde der Frau geschenkt, die ich auf der Welt am meisten geliebt und verehrt habe, meiner Mutter.

Diese Fotografie zeigt Teresa Ravaschieri[80] und schon zu der Zeit, als das Bild freundschaftlich verschenkt wurde, war es nicht neu. Ich sehe ein ovales Gesicht, heiter, lächelnd, ausgesprochen jugendlich; dichtes braunschwarzes Haar mit einem kostbaren Diadem. Ein festliches Kleid, das statuenhafte Schultern und ein mit einer wertvollen Halskette geschmücktes Dekolleté freilegt. Schließlich ein Gesicht wie eine Kamee, in dem die reinen Linien durch den vergeistigten Blick der lieben glanzvollen großen Augen, das Lächeln des schönen Mundes und die ganze lebendige, frische Ruhe der Physiognomie belebt werden. Das kostbare Porträt zeigt also Teresa Ravaschieri in der Fülle ihrer weiblichen Anmut und Schönheit zu der Zeit, als sie selbst und ihr Intellekt, ihr Charme und ihre Kultur von Italienern wie Fremden ergeben verehrt wurden; als ihr Name, berühmt für all ihre Vorfahren, ihren Großvater[81] und ihren Vater[82], in jeder Hinsicht und zurecht in Neapel der Name einer wahren *Grande Dame* war, für die die neapolitanische feine Gesellschaft zu jener Zeit wirklich hoch angesehen wurde. Ein kostbares Porträt, das meine Seele zutiefst erschüttert, meine Fantasie in einen Traum aus Schönheit und Güte stürzt und mein

Herz, das nicht vergessen kann, mit einer neuen Flut untröstlichen Bedauerns erfüllt, weil ich im vergangenen Jahr Teresa Ravaschieris große Seele nicht habe hinscheiden sehen, weil ich ihrem Leichenzug nicht zu Fuß und in Trauerkleidung folgen und nicht unter Tränen den Marmorstein küssen konnte, der ihr Grab verschließt, wie das einer zweiten Mutter.

Welche Frau wird ihr jemals gleichen können? Wer wird es jemals wagen, das zu tun, was sie getan hat? Ist die Summe ihrer moralischen Tugenden etwa nicht so groß wie die ihrer Werke, hat sie etwa nicht all das Gute getan, was sie dachte und fühlte? Wer hat je einen so erhabenen Traum der Liebe verwirklicht wie sie? Wer hat je ein entfernteres, edleres und reineres Ziel erreicht, nur mit dem Willen zum Guten? Wohin reichte ihr Verlangen nach Nächstenliebe nicht? Wo hinterließ sie kein Zeugnis ihres erfüllten Wunsches? Was tat sie nicht alles für die Armen, die Bedrückten, die Verlassenen, und mit welchem Balsam heilte sie die grausamen Wunden dieser Menschen! Schöne Erinnerungen tauchen in mir auf und Teresa Ravaschieri erscheint mir wie in einem Hain voller lebendiger, duftender Rosen und jede ist eine Wohltat, jede eine Barmherzigkeit, jede ein Akt der Liebe! Wie oft habe ich im spirituellen Kontakt mit ihr gespürt, wie mein geschwächter christlicher Glaube wieder erstarkte. Denn sie war eine vollkommene Christin, demütig ohne Verblendung, herzensgut ohne Affektiertheit, hoffnungsvoll ohne Übermut, zuversichtlich ohne Zaudern. Als wir eines Tages zusammen über Galiläa sprachen, über den See Genezareth, wo Christus den Sturm bändigte, und über den Berg Tabor, wo er die unvergessliche Predigt hielt, da blickte Teresa Ravaschieri versonnen zu mir und sagte wie im Traum: »Hör mal, ich bin sicher, wenn ich das Glück gehabt hätte, damals zu leben, ich wäre Jesus überallhin gefolgt, wie jene Marien.« Und es stimmte, denn ihre glühende Seele war die einer Jüngerin; sie liebte es, seine lebendige Flamme zu verbreiten und geistiges Leben zu schaffen! Wie oft rief sie mich zu sich, um mir eine ihrer offenherzigen, vorausschauenden und großzügigen Ideen kundzutun; und wie viele andere elende Wesen, deren Hände und Seelen durch Unsicherheit und Schwäche gefesselt sind, wie so viele andere unglückliche Menschen, die von Zweifeln verdorben es nicht wagen, sich in kühne, riskante und großartige Unternehmungen zu stürzen, trug ich klägliche Einwände vor, immer in Sorge um ihre Gesundheit, ihren Frieden und ihr Alter. Sie schüttelte den Kopf, lächelte und begann ihre Rede von neuem, in der ihr ganzes ideales Vorhaben der Hilfe, der Unterstützung und des Schutzes magisch bunt erschien. Und plötzlich war ich, wie alle anderen, von ihrer Anmut ergriffen; vor ihr waren wir erstaunt und fühlten uns schwach, doch ein erhabener und schöner Wille zog uns weiter; wir wurden von ihrer Welle der Wohltätigkeit mitgerissen, die uns zu hundert Dingen befähigte, stärker als wir selbst, und uns die Kraft gab, Teresa Ravaschieri bei ihren herzerweichenden Wundern zu dienen, sodass sie uns wie die Jünger eines göttlichen Meisters hinter sich versammelte. Ach, sie, ja, sie würde, den Kopf vom Schleier bedeckt und die nackten Füße in Sandalen, Jesus über die Höhen von Tabor, durch das Tal von Esdraelon und über die Felsen von Samarien bis nach Jerusalem folgen, bis nach Golgatha und über Golgatha hinaus. Doch wegen ihrer mitfühlenden Worte, wegen ihrer Liebe, wegen es beständigen Lichts, das sie ausstrahlte und das nur Gutes schuf, wäre jeder von uns mit ihr gegangen, ganz gleich wohin, dort, wo die grausamste Krankheit wütete, wo die Toten der Katastrophe lagen oder wo das Kriegsgeschrei ertönte. Wer wird uns je wieder, so wie Teresa Ravaschieri es tat, das Wort verkünden, das die Seele aufrüttelt und sie zu höchster Verehrung treibt? Wer wird uns je wieder mit weißer Hand und funkelndem Blick den Weg zum erhabenen Opfer zeigen? Ach, wir sind allein, frierend, traurig, zweifeln an allem und jedem und nie, nie wieder werden wir ihre Stimme hören, die uns die Kraft zum Leben gab, die Energie, für andere da zu sein, die Hingabe, sich für alle anderen aufzuopfern, seien es Freunde, Gleichgültige, Fremde oder Feinde. Vergangenes Jahr am 10. September ist nicht nur eine Frau gestorben, sondern die unvergleichlichste Geisteskraft ist von uns gegangen, der beste Teil von uns, eine, die die drei Seelentugenden – Liebe, Glaube und Hoffnung – verkörperte. Mit ihr haben wir den Sinn unseres Lebens als tätige Christen und menschliche Geschöpfe, die diesen Namen verdienen, verloren. Der Sinn für brüderliche Herzenswärme ist in uns erloschen, weil sie, die Beschwörerin, die Initiatorin aller brüderlichen Herzenswärme verstorben ist!

Es ist nur recht und billig, dass heute in einem Gotteshaus die bedeutendsten neapolitanischen Bürger und die mitfühlendsten Frauen, die Teresa Ravaschieri liebten und bewunderten, zusammenkommen, um ihr Andenken zu ehren und für ihren Frieden zu beten. Solche Totengedenkfeiern sind sehr schön und auch bewegend. Doch wenn ich bedenke, dass alle, denen sie geholfen hat, dieses Gotteshaus betreten sollten, ist es klein, zu klein, unendlich klein. Die Masse von Armen, Unglückseligen, Kranken und Verlassenen, die sie mit würdigen Almosen, mit Obdach, wiedererlangter Gesundheit und mütterlicher Pflege versorgt hat, die Masse, der sie ihre Liebe und ihr Vermögen, ihre Zeit und ihre Seele geschenkt hat, die Masse, der sie sich selbst als großes und begeistertes Menschenopfer hingegeben hat, ist gewaltig. Kein Gotteshaus könnte sie fassen und jeder von ihnen wird sich bestimmt den Namen Teresa Ravaschieri in jedem Gebet in Erinnerung rufen, denn auch die Einfachen und Einsamen vergessen nicht. Und es ist vielleicht richtiger, sie in ihrer ewigen Ruhe zu bitten, sie möge für unseren Frieden beten; es ist viel richtiger, als dass wir, die Erschöpften, Zerschlagenen, Müden, Unterdrückten und Orientierungslosen, für ihren Frieden beten. Sie hat im Namen Gottes und im Namen der tugendhaften Liebe, die die ganze Menschheit einschließt, gekämpft und gesiegt. Lange bevor sie starb, hatte sie ihren Frieden gefunden. Sie hatte lange vor ihrem Tod die letzten Worte zu Gott gesprochen und das Geschenk des Friedens erhalten. In unserem schwankenden Schiff, im großen Sturm, in der Nacht, müssen wir die Hilfe eines betenden Geistes in der himmlischen Seligkeit erbitten. Während unseres Schiffbruchs muss diese auserwählte Seele der geheimnisvollen Seelenwelt uns Beistand leisten. Diese große Seele hatte die Gabe, durch die Kraft ihres Gebets und ihrer Güte Wunder zu vollbringen. Lasst uns beten, dass sie fortbesteht!

Neapel, Herbst 1904

Nachwort der Übersetzerin

Widmet man sich der Lektüre von Matilde Seraos *Der Bauch von Neapel*, so könnte man sich fragen, was uns journalistische Texte von vor etwa hundertvierzig Jahren heute noch zu sagen haben. Eine ganze Menge, wie ich beim Übersetzen feststellen konnte.

Die vielschreibende Schriftstellerin und Journalistin Matilde Serao wurde 1856 als Tochter des neapolitanischen Anwalts Francesco Saverio Serao und der Griechin Paolina Borrely im griechischen Patras geboren. Ihr Vater hatte wegen seiner anti-bourbonischen Haltung die Heimat verlassen müssen. Nach dem Fall der Bourbonen kehrte die Familie 1860 nach Neapel zurück. Im Laufe ihres Lebens verfasste Matilde Serao mehr als vierzig Romane und Novellen und gründete zusammen mit ihrem Ehemann Edoardo Scafoglio zwei Tageszeitungen in Rom und Neapel, den *Corriere di Roma* und *Il Mattino*. Nach der Trennung von Scafoglio gründete sie als erste Frau in der Geschichte des italienischen Journalismus eine weitere Tageszeitung, *Il Giorno*, die sie als Herausgeberin und Chefredakteurin bis zu ihrem Tod 1927 leitete.

In »Der Bauch von Neapel« versammelte Serao einundzwanzig Kolumnen über ihre Heimatstadt, ab 1884 im Laufe von mehr als zwanzig Jahren verfasst. Auslöser war die schwere Choleraepidemie im selben

Jahr, die innerhalb weniger Wochen mehr als siebentausend Todesopfer forderte, unter anderem wegen der katastrophalen hygienischen Zustände in der dichtbebauten Altstadt von Neapel. In engen, vermüllten Gassen, in verfallenden Häusern ohne Wasseranschluss drängten sich Tausende von Menschen. In der trüben Brühe der öffentlichen Brunnen verbreiteten sich die krankheitsauslösenden Bakterien. Es war nicht die einzige Choleraepidemie, die Neapel erlebte, doch dieses Mal stellte sich die Frage, warum vor allem die Ärmsten der Bevölkerung daran starben. Die Dringlichkeit dieses Problems veranlasste König Umberto I. und Ministerpräsident Agostino Depretis zu einem Besuch in Neapel. Es wurde die Sanierung der Stadt, der sogenannte *Risanamento*, beschlossen, wobei alte, enge Straßenzüge durch neue Magistralen ersetzt werden sollten. Luft, Licht und Hygiene wurden der Bevölkerung versprochen.

Die 28-jährige Matilde Serao, die zu jener Zeit in Rom lebte, ihre Heimatstadt jedoch in- und auswendig kannte, beobachtete dieses Vorhaben genau. In ihren Kolumnen, die ab September 1884 zunächst in unregelmäßigen Abständen in der literarischen Satirezeitung *Capitan Fracassa* erschienen und erst später als Buch veröffentlicht wurden, erinnert sie die Politiker nicht nur an ihre Versprechen, sondern liefert ein genaues Bild der Lebensumstände der armen neapolitanischen Bevölkerung. Dafür sieht sie, die kurzsichtig und nach eigenen Worten »zur Brille verurteilt« war, ganz genau hin, blickt hinter den Paravent aus neuerrichteten Prunkbauten und benennt Zustände, die zwar durchaus bekannt waren, die aber niemand öffentlich thematisierte – und schon gar nicht mit solcher Vehemenz.

Ohne zu romantisieren, schafft sie ein Porträt ihrer Stadt, eine stilistische Mischung aus Reportage und Sittengemälde, aus anthropologischen Skizzen und Dialogen. Seraos ungewöhnliche Mischung aus Sach- und Erzähltexten führte dazu, dass dieses Buch oft auch als Roman bezeichnet wurde, was es definitiv nicht ist. Ihre Ich-Erzählungen wirken authentisch, sind jedoch nicht autobiografisch. Serao agiert als Zeugin einer Stadtentwicklung, an der sich die Auswüchse von Kapitalismus und das Machtgebaren der Herrschenden ablesen lassen. Dabei steht die Autorin immer auf der Seite der Schwachen, der ganz Armen, der Frauen, die sich für ihre Kinder aufopfern. Serao wettert mit der ihr eigenen ungestümen Rhetorik gegen die Regierenden im Rathaus, aber auch gegen das Bürgertum – ja selbst die Arbeiter gehören für sie schon zu den Bessergestellten, wenn es darum geht, bezahlbare Wohnungen zu finden und sich nicht mit zwei oder drei »Minijobs« über Wasser halten zu müssen.

Die Sprache, mit der Matilde Serao die Zustände beschreibt, zeichnet sich durch ihre Bildhaftigkeit und Sinnlichkeit aus. Man sieht die schmutzigen Gassen vor sich, riecht die Düfte aus den Häusern, aber auch den Gestank der Straße, man hört das Geschrei der Leute, das Jammern, Lachen, Rufen. Man leidet mit, wenn Mütter keine Milch für ihre Neugeborenen haben, man schüttelt den Kopf über absurde Vorhaben und Baupläne der Stadt.

Und man merkt plötzlich, dass Manches, was auf dem heutigen Immobilienmarkt verkehrt läuft, kein neues Phänomen ist, sondern dass schon damals gentrifiziert wurde. Wir mögen in Deutschland zwar keine derartigen Slums mehr haben, doch als Hamburgerin haben mich Seraos Texte sofort an die Cholera von 1892 in der Hansestadt erinnert, mit mehr als achttausend Toten und dem darauffolgenden Abriss der Gängeviertel in der hiesigen Altstadt. Auch in Hamburg wurde im vergangenen Jahrhundert die arme Bevölkerung aus ihren unhygienischen Behausungen vertrieben, um neuen Straßen und modernen Prachtbauten Platz zu machen. Und auch heute werden vielerorts Teile von Stadtvierteln, Straßenzüge oder Häuserzeilen für lukrative Bauprojekte niedergewalzt. Von der Vertreibung alteingesessener Bewohner aus den Innenstädten durch extrem steigende Mieten im Rahmen der Gentrifizierung oder durch unbezahlbare Neubauten können auch in Deutschland zahlreiche Menschen berichten. Neben diesen frappierenden Parallelen lassen sich in den hier versammelten alten Texten am Beispiel Neapels noch viele weitere Bezüge zu unserer Gegenwart mit ihren sozialen und urbanen Problemen finden.

Matilde Serao, deren Physiognomie und Statur, deren lautes Lachen und burschikoses Verhalten die feine Gesellschaft irritierte, galt zu ihrer Zeit als moderne, unabhängige Frau, die sagte, was war. Sie arbeitete zunächst als Lehrerin, widmete sich dann ganz dem Schreiben, war mit Ciosuè Carducci, Giovanni Verga und Gabriele d'Annunzio bekannt und mit Eleonara Duse befreundet und kämpfte mit ihren Texten leidenschaftlich für eine sozialere und humanere Gesellschaft. Sie starb 1927 überraschend an einem Herzinfarkt.

Ihre Romane und Novellen mögen zwar in Vergessenheit geraten sein, *Der Bauch von Neape*l ist es nicht – er gilt als Klassiker der Literatur über Neapel und hallt in seiner Eindrücklichkeit lange nach. Nun ist Matilde Seraos Buch zum ersten Mal in deutscher Übersetzung zu lesen.

Ulrike Schimming
Hamburg, Februar 2024

Anmerkungen

1 Gemeint ist: »Man sollte Neapel ausweiden.« Diesen Satz hatte Agostino Depretis 1884 geäußert, nachdem er zusammen mit König Umberto I. die Armenviertel von Neapel nach der verheerenden Cholera-Epidemie besucht hatte. Von damals 14.000 Erkrankten starben 7.100 (Döpp, 1968, S. 226).

2 Agostino Depretis (1813–1887) war innerhalb von elf Jahren achtmal Präsident des Ministerrats von Italien. Er gehörte dem linksliberalen Lager (Sinistra storica) an. 1884 bekleidete er zudem das Amt des Innenministers.

3 Via Francesco Caracciolo ist eine lange, breite Promenade neben dem Park der Villa Comunale und entlang der Riviera di Chiaia, gleich am Meer. Sie gilt als eine der schönsten Küstenstraßen der Welt und bietet einen Blick auf die Hügel des Vomero und auf Posillipo.

4 Monte di Pietà: Pfandleihgeschäfte, die Armen Kleinkredite gegen Pfand gewährten und nur geringe Zinsen darauf erhoben.

5 Eines der ältesten Kastelle Neapels aus der Normannenzeit, erbaut ab dem Jahr 1160. Über Jahrhunderte war es das Machtzentrum der Stadt und wurde immer wieder umgebaut. Sein heutiges Aussehen stammt aus dem Jahr 1857/58. Lange Zeit war hier das Zivil- und Strafgericht untergebracht. Momentan ist es eine Niederlassung der Scuola superiore della magistratura (SSM), einer Hochschule für die Aus- und Fortbildung von Richtern und Staatsanwälten.

6 Masaniello, eigentlich Tommaso Aniello d'Amalfi (1620–1647), war Fischer und Obsthändler. 1647 führte er einen zehntägigen Volksaufstand in Neapel an, mit dem die Neapolitaner gegen überzogene Steuererhöhungen durch die spanische Herrschaft protestierten.

7 *Pot-Bouille* ist der Titel eines Romans von Émile Zola, auf Deutsch *Ein feines Haus*, der zehnte Teil des Rougon-Macquart-Zyklus. Er erschien im Frühjahr 1882 zunächst als Fortsetzungsroman in der Zeitschrift *Le Gaulois*. Bereits 1882 gab es eine italienische Übersetzung. Die Handlung spielt größtenteils in einem Mietshaus. Der Originaltitel bezeichnet einen Eintopf, in dem verschiedene Zutaten lange zusammen köcheln, und meint damit die verschiedenen Bewohner des Hauses, die als Vertreter der monarchistischen Moralordnung dienen.

8 Ein Fondaco (pl. fondachi) war ursprünglich ein Kontor mit Büros und Magazinen für ausländische Händler. Aufgrund der Wohnungsnot zogen in Neapel dort jedoch auch arme Familien ein. Die Verhältnisse waren beengt, dunkel und unhygienisch. Es gab keine Wasseranschlüsse. 1876 gab es im ganzen Stadtgebiet 106 Fondachi. 1884, zur Zeit der verheerenden Choleraepidemie, lebten ca. 9.000 Menschen in den Fondachi (Döpp, 1968, S. 158).

9 Monumentalfriedhof von Neapel, mit einer Fläche von 50 Hektar einer der größten Friedhöfe Europas. Dort wurde Matilde Serao 1927 beerdigt.

10 Eine Lira bestand aus 100 Centesimi, fünf Centesimi ergaben einen Soldo, zwanzig Soldi entsprachen einer Lira. 1884 war eine Lira etwa 4,70 Euro wert.

11 Die neapolitanische Meile entsprach ungefähr 1,85 Kilometern.

12 S. Seite 29

13 Ein Basso ist eine winzige Erdgeschosswohnung mit ein, höchstens zwei Zimmern, deren Eingangstür direkt auf die Straße hinausgeht. Meistens haben Bassi keine Fenster, Licht fällt nur durch die Eingangstür hinein.

14 Spiritosa bedeutet wörtlich »die Witzige, Geistreiche«. Der Wirt preist das Gericht mit den Worten: »Duftende, duftende Geistreiche!«

15 Maßeinheit, ein Rotolo entsprach etwa 800 Gramm.

16 Asprinio Bianco ist eine alte autochthone Weißweinsorte Süditaliens. Der aus ihr hergestellte herbe und spritzige, leicht schäumende Weißwein war lange Zeit in der Gegend von Neapel und innerhalb Kampaniens sehr beliebt. Mitte des 20. Jahrhunderts wurde der Wein jedoch nicht mehr nachgefragt.

17 Rotwein aus Kampanien.

18 Umberto I. von Savoyen (1844–1900) war von 1878 bis zu seiner Ermordung im Jahr 1900 König von Italien.

19 Viktor Emmanuel II. von Savoyen (1820–1878) war zunächst König von Sardinien-Piemont und von 1861 bis 1878 König von Italien. Er stand an der Spitze der Einigungsbewegung, die 1861 zur Gründung des italienischen Nationalstaats führte. Er war der Vater von Umberto I.

20 Der hl. Januarius, italienisch San Gennaro, (272–305) war Märtyrer und Bischof von Neapel. Er wurde unter Kaiser Diokletian enthauptet. Seine Reliquien, darunter zwei Ampullen mit seinem Blut, wurden in den Dom von Neapel gebracht. Jeweils im Mai und im September werden die Ampullen mit seinem getrockneten Blut hervorgeholt und gedreht. Wenn sich dabei das Blut verflüssigt, spricht man vom Blutwunder. Mit »Kopf von San Gennaro«

ist die versilberte und vergoldete Reliquien-Büste des Heiligen gemeint.

21 Giacinto Ottino war Blechschmied und besaß eine Fabrik für Gaslaternen. Für offizielle Feste erfand er Mitte des 19. Jahrhunderts die Festbeleuchtung mithilfe unzähliger Gaslämpchen.

22 Giacomo della Marca (1393–1476) war zunächst Anwalt und wurde dann franziskanischer Mönch. Er war Friedensstifter zwischen den Städten Fermo und Ascoli, gründete zahlreiche Klöster und Bibliotheken in Europa und legte Brunnen und Zisternen an. 1726 wurde er von Papst Benedikt XIII. heiliggesprochen. Er ist einer der Stadtpatrone von Neapel.

23 Eigentlich Nikolaus von Myra (4. Jh.). Der Überlieferung zufolge wurde er mit 19 Jahren von seinem Onkel Nikolaus, dem Bischof von Myra, zum Priester geweiht und dann Abt des Klosters Sion in der Nähe von Myra. Während der Christenverfolgung 310 wurde er gefangengenommen und gefoltert. Sein ererbtes Vermögen verteilte er unter den Notleidenden. Der Legende nach hat er diverse Wunder gewirkt.

24 »Gobbo« (Plural »gobbi«) bedeutet »Buckel«. In Neapel glaubte man, dass das Berühren eines Buckels (von einem Mann) Glück bringt. Bei den Münzen, »gobbini« oder »gobbetti« genannt, handelte es sich um Fünf- oder Zehn-Centesimi-Münzen, die so bearbeitet wurden, dass sie einen gleichmäßigen »Buckel« bekamen. Diese Münzen galten als Glücksbringer.

25 Kriminalfall aus dem Jahr 1875, bei dem Salvatore Daniele seine Freundin ermordete und die Leiche in einem Koffer mit dem Zug nach Rom schickte, um die Spuren zu verwischen. Daniele wurde 1877 zum Tode verurteilt.

26 Der Soldat Salvatore Misdea (1862–1884) ermordete 1884 nach einem Streit in der Kaserne sieben Kameraden und verletzte dreizehn weitere. Dafür wurde er zum Tode verurteilt und noch im selben Jahr hingerichtet.

27 Achtundsiebzig: »'a bella figliola« oder auch »die Prostituierte«.

28 Der wahre Freund, Der Schatz, Der Blitz, Das Füllhorn.

29 Der Scudo war eine Silbermünze zu fünf Lire.

30 Banco di Santo Spirito war von 1606 bis 1992 eine offizielle Bank des Vatikan.

31 Im Largo Donnaregina befand sich der Sitz der Banco di Napoli.

32 Sangue di Cristo, Blut Christi, ist der alte Name für das Viertel Montesanto-Pignasecca, nach der Kirche Sant'Antoniello al Sangue di Cristo.

33 Am Fuß des Monte Echia (Pizzofalcone) im Viertel Santa Lucia entsprang eine schwefelhaltige Quelle, die Sulfurea di Santa

Lucia, deren Wasser die Frauen und Mädchen abschöpften und verkauften.

34 Morra ist ein traditionelles Spiel mit den Fingern, ähnlich wie »Schere, Stein, Papier«.

35 Kirche an der Westseite der Piazza del Plebiscito gegenüber dem Palazzo Reale.

36 Basilika Santissima Annunziata Maggiore im Stadtviertel Pendio. Zu dem religiösen Gebäudekomplex gehörten ein Hospital, ein Kloster, ein Waisenhaus für Findelkinder und ein Internat. Die Einrichtung wurde von der 1318 gegründeten Congregazione della Santissima Annunziata unterstützt und stand unter dem Schutz der Könige von Neapel.

37 Serao meint damit das Viertel Santa Lucia, das im Zuge der Stadtsanierung auch »Rione della Bellezza« genannt wurde, s. S. 129. »Beltà« ist eine Kurzform von »bellezza«, Schönheit.

38 Bezeichnung für den Corso Umberto I., wörtlich »die Gerade«.

39 Stadtviertel in Rom, das ab 1886 auf dem 30 Hektar großen Gelände der Gärten der Villa Ludovisi errichtet wurde. Die Gärten waren von André Le Nôtre, dem Gartenarchitekten von Versailles, angelegt und schon von Goethe, Stendhal, Gogol und D'Annunzio bewundert worden. Von der Ludovisi-Parkanlage sind heute nur noch der Palazzo Grande und das Casino dell'Aurora erhalten.

40 Heute Piazza Giovanni Bovio.

41 Auf dem Palazzo dei Telefoni an der Piazza della Borsa befand sich ein kuppelartiges Metallkonstrukt, das wie ein Käfig aussah. Dabei handelte es sich um ein großes Gerüst mit Isolatoren, an denen die Telefon-Freileitungen zusammenkamen, um dann zur Telefonzentrale, dem Vermittlungsamt, weitergeleitet zu werden. Die großen, kuppelartigen Aufbauten auf den Telegrafenämtern waren technisch notwendig, wurden aber oft dekorativ und repräsentativ gestaltet als weithin sichtbares Symbol für das neue Medium Telefon.

42 Nicola Amore (1828–1894), Anwalt und Politiker, war zwischen 1883 und 1889 viermal Bürgermeister von Neapel und zuvor Polizeichef der Stadt gewesen. Später wurde er Abgeordneter und Senator in Rom.

43 Die Viertel in Küstennähe lagen geologisch tiefer als die Viertel der Umgebung und in den Hügeln und sollten durch die Aufschüttungen an das dortige Straßenniveau angepasst werden. Für die Aufschüttungen wurde z.T. der anfallende Schutt der abgerissenen Gebäude benutzt (Döpp, 1968, S. 56).

44 Francesco Serao (1702–1783) war Arzt, Physiker, Geologe und Philosoph.

45 Nicht mehr erhaltener Brunnen mit der Statue von König Alfonso II. von Aragon in der Via Mezzocannone, errichtet von ihm selbst im 15. Jh. Statt eines stattlichen Bronzerohrs (»cannone«), aus dem das Wasser fließen sollte, war der Ausfluss nur halb so lang (»mezzo cannone«). Dies trug bei der Bevölkerung zur Belustigung bei.
46 Diesen und die damit zusammenhängenden Namen gibt es heute nicht mehr.
47 Ehemalige Provinz im Italienischen Königreich von 1860 bis 1927. Während des Faschismus wurde sie in die Provinzen Caserta, Frosinone, Latina und Neapel aufgeteilt.
48 Guglielmo Sanfelice d'Acquavella (1834–1897) war von 1878 bis zu seinem Tod Erzbischof von Neapel, 1884 wurde er durch Papst Leo XIII. zum Kardinal ernannt.
49 Der Serino-Aquädukt war eine römische Wasserleitung in Kampanien, die zwischen 33 und 12 v. Chr. erbaut wurde. Er war eines der größten Bauwerke im ganzen Römischen Reich mit einer Gesamtlänge von etwa 145 Kilometern und brachte Wasser aus dem Ort Serino in der Provinz Avellino nach Neapel.
50 Monte Echia, oder auch Pizzofalcone, ist ein Hügel in Neapels Stadtteil San Ferdinando. Hier wurde etwa 700 v. Chr. die griechische Stadt Parthenope gegründet, die erste Stadt auf dem Gebiet des heutigen Neapels. Etwa 500 v. Chr. wurde im Nordwesten von Parthenope eine zweite griechische Stadt gegründet: Neapolis (»Neue Stadt«). In den Höhlen des Pizzofalcone haben schon in vorchristlicher Zeit Menschen gelebt.
51 Künstler-Café nach Pariser Vorbild, in denen die besten Sängerinnen und Sänger der Belle Époque auftraten. Heute existiert in Neapel noch das Gambrinus.
52 Anspielung auf das Palais de la Jetée auf einer Seebrücke an der Jetée Promenade in Nizza, damals berühmt für sein Kasino, seine Restaurants und den Musikpavillon.
53 Corniche: eine Küsten-, Ufer- oder Klippenstraße. Hier die Küstenstraße bzw. die Küstenregion der französischen Riviera.
54 Anfang des 19. Jhs., als Neapel unter französischer Herrschaft stand, wurden in der Stadt aufgrund der von Frankreich eingeführten Säkularisierung viele Klöster und Konvente geschlossen. Die Gebäude gingen in staatlichen Besitz über.
55 Serao zitiert nicht Shakespeare, sondern aus dem Libretto von Arrigo Boito zu Verdis Oper *Falstaff,* Erster Aufzug, erstes Bild; Übersetzer nicht genannt.
56 Rotwein aus Bordeaux.
57 Henry Frederick Stanley Morgan (1881–1959), englischer Sportwagen-Hersteller.

58 Andrew Carnegie (1835–1919), US-amerikanischer Stahl-Tycoon.

59 US-amerikanische Unternehmerfamilie.

60 John Davison Rockefeller Sr. (1839–1937), US-amerikanischer Unternehmer und erster Milliardär der Weltgeschichte.

61 Ein Finanzinstitut für die Bauwirtschaft.

62 Bezieht sich auf die angebliche Aussage des amerikanischen Schriftstellers Edgar Allan Poe, die Unterkünfte des modernen Amerikas wären »abominations rectangulaires«. Diese Aussage findet sich in dem Buch *Edgar Poe, sa vie et ses œuvres* von Charles Baudelaire aus dem Jahr 1856.

63 Eigentlich Arnolfo di Cambio (um 1240/45–1302/1310), Architekt und gotischer Bildhauer. Er entwarf den Grundriss des Palazzo Vecchio in Florenz und baute an der dortigen Kirche Santa Croce mit.

64 André Le Nôtre (1613–1700) war oberster Gartenarchitekt von Ludwig XIV. und entwarf die Gartenanlage von Versailles. Serao ist hier bei der Schreibweise seines Namens und seiner Berufsbezeichnung ungenau.

65 Eine Straßenbauweise aus drei Schichten, die von dem Schotten John Loudon McAdam zu Beginn des 19. Jahrhunderts erfunden wurde. Anfangs wurde noch kein Teer zur Bindung eingesetzt, sodass die Staubentwicklung erheblich war.

66 Émile Loubet (1838–1929) war von 1899 bis 1906 französischer Staatspräsident.

67 Carlo Capece Galeota (1824–1908), Mitglied eines alten neapolitanischen Adelsgeschlechts und Anhänger der Bourbonen.

68 Am 20. September 1870 nahm die Armee des Italienischen Königreichs Rom ein und beendete damit quasi die Existenz des päpstlichen Kirchenstaats, der durch eine anschließende Volksabstimmung mit Italien vereint wurde. Damit war die Einigung Italiens abgeschlossen und Rom wurde 1871 zur Hauptstadt des Landes.

69 Am 12. April 1904 riefen die Hafenarbeiter von Torre Annunziata zum Generalstreik auf, der schließlich 72 Tage dauerte und legendär wurde.

70 Die Bibel, Neues Testament, Matthäus 4,4.

71 Die Tageszeitung *Il Mattino* wurde von Matilde Serao und ihrem Mann Edoardo Scafoglio 1892 in Neapel gegründet.

72 Matilde Serao und Edoardo Scafoglio gründeten zuvor, 1885, in Rom die Tageszeitung *Il Corriere di Roma*. Sie erschien bis 1887.

73 Umgangssprachlicher Ausdruck für das Istituto Domenico Martuscelli, eine Schule für blinde Menschen, die 1873 von Domenico Martuscelli in den Räumlichkeiten des ehemaligen Klosters von Santa Maria di Caravaggio gegründet wurde.

74 Eigentlich der »Patronato Società Regina Margherita pro ciechi di Napoli«, ein Verein für Blinde, ursprünglich im Jahr 1892 auf Anregung von Königin Margherita in Florenz gegründet.

75 Maschio Angioino oder auch Castel Nuovo ist ein mittelalterliches Kastell, das Karl I. von Anjou ab 1279 für seinen Hof erbauen ließ. Über die Jahrhunderte wurde es erweitert und beständig umgebaut.

76 Ettore Ciccotti (1863–1939) war Historiker und Hochschullehrer. Später ging er als Mitglied der Sozialistischen Partei Italiens in die Politik und saß über mehrere Wahlperioden im Abgeordnetenhaus.

77 Lew Nikolajewitsch Tolstoi (1828–1910), russischer Schriftsteller, Autor von *Krieg und Frieden* und *Anna Karenina*. Als Serao diesen Text schrieb, lebte Tolstoi noch.

78 Katharina Maslowa ist eine Figur aus Tolstois Roman *Auferstehung* aus dem Jahr 1899, in dem der Autor an Menschlichkeit und Nächstenliebe appelliert.

79 Als Damaskuserlebnis wird die Begegnung des Paulus von Tarsus mit dem auferstandenen Jesus Christus auf dem Weg nach Damaskus bezeichnet. Im übertragenen Sinn bezeichnet »Damaskuserlebnis« ein Ereignis, das einer Person eine einschneidende positive Selbsterkenntnis vermittelt.

80 Teresa Filangieri Fieschi Ravaschieri (1826–1903) war Schriftstellerin und Philanthropin. Sie organisierte während der Choleraepidemie 1873 in Neapel Armenspeisungen und gründete mithilfe gesammelter Spenden ein Kinderkrankenhaus.

81 Gaetano Filangieri (1753–1788), Jurist und Philosoph im Königreich von Neapel, gilt als einer der größten italienischen Juristen und Denker der Aufklärung. Sein Werk *La Scienza della Legislazione* (»Die Wissenschaft der Gesetzgebung«) soll die Urheber der französischen Revolution inspiriert haben.

82 Carlo Filangieri (1784–1867), General und Politiker im Königreich beider Sizilien, kämpfte während der Napoleonischen Kriege im französischen Heer und nahm an der Schlacht von Austerlitz teil. Später war er Ratspräsident des Königreichs beider Sizilien. Nach der italienischen Einigung 1861 arbeitete er mit der Regierung zusammen.

Literatur

Boito, Arrigo: Libretto zu Verdis Oper *Falstaff.* Giuseppe Verdi: *Falstaff*, Erster Aufzug, erste Szene https://opera-guide.ch/operas/falstaff/libretto/de/ (zuletzt abgerufen am 10.8.2023)

Cammarota, Luciana: *Análise e tradução de Il Ventre di Napoli de Matilde Serao*, Universidade de São Paolo, Faculdade de Filosofia Letras e Ciências Humanas, Departamento de Letras Modernas, Programa de Pós-Graduação em Estudos da tradução, São Paolo, 2015

Döpp, Wolfram: *Die Altstadt Neapels. Entwicklung und Struktur*, Selbstverlag des Geographischen Institutes der Universität Marburg, Marburg/Lahn, 1968

Manzo, Luciana/Peirone, Fulvio: *Luci sulla città*, Città di Torino, Turin, 2008, https://www.museotorino.it/resources/pdf/books/122/#1 (zuletzt abgerufen am 10.8.2023)

Richter, Dieter: *Neapel. Biographie einer Stadt*, Verlag Klaus Wagenbach, Berlin, 2005 (E-Book-Ausgabe 2022)

Scala, Raffaele: *Per una storia della Camera del Lavoro di Torre Annunziata (1901–2001)*, Nuovo Monitore Napoletano, 10. Juni 2021, http://www.nuovomonitorenapoletano.it/index.php?option=com_content&view=article&id=3057:per-una-storia-della-camera-del-lavoro-di-torre-annunziata-1901-2001&catid=84&Itemid=28 (zuletzt abgerufen am 10.8.2023)

Serao, Matilde: *Il ventre di Napoli*, Edizione integrale a cura di Patricia Bianchi, con uno scritto di Giuseppe Montesano, Avagliano Editore, Cava de' Tirreni, 4. Ed. 2009

Storia Fotografica di Napoli 1892-1921, La città prima e dopo il »Risanamento«, edizione Intra Moenia, Napoli, 2005

PERLEN

SECHS GROSSE ITALIENISCHE SCHRIFTSTELLERINNEN

des zwanzigsten und einundzwanzigsten Jahrhunderts

Herausgegeben von Klaudia Ruschkowski

Die literarische See hat wie jede andere See ihr Auf und Ab. In ihr gibt es Inseln, die sämtliche Stürme überdauern. Andere, die in den Wogen versinken. Wieder andere, die unvermittelt daraus auftauchen. Und Perlen, die an die literarischen Ufer gespült werden, zur Überraschung der Leserinnen.

Große weibliche Stimmen gab es in der italienischen Literatur schon immer. Widerständige Frauen und Autorinnen wie die Feuilletonistin **Matilde Serao**, die Ende des 19. Jahrhunderts in Neapel die Tageszeitung *Il Mattino* gründete. Bereits 1884 erschienen ihre Aufzeichnungen über die Metropole am Vesuv. 1906 fügte sie dem Feuerwerk ihrer Beobachtungen einen zweiten Teil hinzu. *Il ventre di Napoli* gilt seitdem als ein Klassiker der Neapel-Literatur.

Als die sardische Schriftstellerin **Grazia Deledda** 1926 den Nobelpreis für Literatur erhielt, zählte sie zu den bedeutendsten Autorinnen des italienischen

Naturalismus. Berühmt für die Erzählungen menschlicher Schicksale, schildert sie das Leben sardischer Frauen, häufig verbunden mit ihrem Heimatort Núoro, mit seiner wilden Umgebung. *Il paese del vento*, einer ihrer letzten und vielleicht schönsten Romane, spielt an der Küste Sardiniens, in einem zeitlosen Raum, wo das innere Drama der Protagonistin überraschend Gestalt gewinnt.

Lalla Romano, geboren in eine alte Familie im Piemont, gehörte in ihrer Jugend dem intellektuellen Kreis von Turin um die Familie Einaudi, die Schriftsteller Cesare Pavese und Italo Calvino an. Dann ging sie buchstäblich in sich. Schon ihr erster Roman, *Maria*, trägt autobiografische Züge. Dies wird sich durch ihr gesamtes, vielfältiges Werk ziehen. Doch selbst, wenn sie von sich erzählt, bleibt sie auf Distanz. Die Kunst des Schreibens besteht für sie in der Diskretion.

Eine ganz andere Sprache sprechen die autobiografisch geprägten Romane von **Goliarda Sapienza**. Ironisch, unkonventionell, geradezu skandalös erzählt die sizilianische Schriftstellerin und Schauspielerin aus der Perspektive einer Frau, die nach kultureller, finanzieller und sexueller Unabhängigkeit strebt. Bereits die kleine Goliarda hat Jean Gabin, die anarchistische Ikone des französischen Films, zu ihrem Helden erkoren, so weit, dass sie sich selbst in ihm gespiegelt sieht in ihrem geistreichen und humorvollen Buch *Io, Jean Gabin*.

Widerständig war auch die Mailänderin **Alda Merini**, eine der wichtigsten Stimmen der italienischen Poesie.

Weite Zeiten ihres Lebens verbrachte sie in der Psychiatrie. Parallel erhielt sie zahlreiche Literaturpreise. In den autobiografischen Aufzeichnungen *Uomini Miei* lässt Merini als »freies Geschöpf, ich, die ich zwischen Wirsing und Brennnesseln lebte«, die Männer Revue passieren, von denen sie zwar oft nicht verstanden wurde, die aber dennoch ihre »Fantasie angeregt haben«. In *La carne degli angeli* findet sie auf der Suche nach Unendlichkeit Worte, die wie ein heiliges und verfluchtes Echo widerhallen und aus einem kosmischen Raum zu kommen scheinen: von Schwingungen, Blitzen, Rebellion und Angst durchzogen, und immer von Liebe.

Genau hier schließt die Anthropologin und Schriftstellerin **Arianna Cecconi** an. Magisch-religiöse Riten, Träume, aber auch der Widerstand gegen politische Gewalt sind die Themen, die sie bearbeitet. *Teresa degli oracoli*, ihr erster Roman, erzählt von unsichtbaren Dingen, hausgemachten Prophezeiungen und Orakeln, von Freiheit und Zufall, vom Lieben, Wachsen und Sterben. In überwältigend lebendiger Weise.

Diejenigen, die diese literarischen Perlen zuerst vom Strand aufsammeln und sie dann in einer anderen Sprache, für andere Leserinnen und Leser, zum Leuchten bringen, sind die Übersetzerinnen. Alle sechs Bücher dieser Reihe werden erstmalig ins Deutsche übertragen.

Um mit Walter Benjamin zu sprechen: »Übersetzungen, die mehr als Vermittlungen sind, entstehen, wenn im Fortleben ein Werk das Zeitalter seines Ruhms erreicht hat. Sie dienen daher nicht sowohl diesem, als dass sie ihm ihr Dasein verdanken. In ihnen erreicht das Leben des Originals seine stets erneute, späteste und umfassendste Entfaltung.«

Klaudia Ruschkowski

Perugia, Juni 2023

MATILDE SERAO

Der Bauch von Neapel (Il ventre di Napoli)

Übersetzt von Ulrike Schimming

GRAZIA DELEDDA

Blicke der Liebe und des Neids (Il paese del vento)

Übersetzt von Monika Lustig

LALLA ROMANO

Maria (Maria)

Übersetzt von Claudia Imig

GOLIARDA SAPIENZA

Ich, Jean Gabin (Io, Jean Gabin)

Übersetzt von Klaudia Ruschkowski

ALDA MERINI

Das Fleisch der Engel (La carne degli angeli)

Meine Männer (Uomini miei)

Übersetzt von Ulrike Schimming

ARIANNA CECCONI

Teresas Geheimnis (Teresa degli oracoli)

Übersetzt von Klaudia Ruschkowski

Wo Maria war, herrschte eine spezielle Atmosphäre, fast eine unsichtbare Ordnung in der Unordnung der Welt.

Aus *Maria*, von Lalla Romano

Maria, der erste Roman von Lalla Romano, erschien 1953 im Turiner Verlag Einaudi und erhielt 1964 den Premio Internazionale Veillon. Nun erstmals in deutscher Übersetzung!

Lalla Romano erzählt die Geschichte einer kleinen Familie im Piemont in den 1930er- und 1940er-Jahren. Sie beschreibt die Beziehung zwischen zwei Frauen, die sich in Herkunft, Kultur und Lebensweise sehr voneinander unterscheiden: Maria, eine Bäuerin, und die Erzählerin, eine Lehrerin, Schriftstellerin und Malerin, in deren Haus Maria als Bedienstete arbeitet. In ihrer nüchternen, genauen, mitunter fast spröden Sprache zeichnet Lalla Romano ein Porträt von Maria. Und dabei entwirft sie das Porträt ihres Dorfes mit seinen Menschen, seiner Landschaft und seiner Zeit, in die der Zweite Weltkrieg fällt…

Lesen Sie hier den Romananfang:

Maria ist eine wahre Geschichte. Ich kannte die Maria aus diesem Buch wirklich; Maria hat viele Jahre in meinem Haus gelebt, ich habe sie oft in ihrem Haus, in ihrem Dorf besucht. Kann man die Geschichte vielleicht deshalb als wahr bezeichnen? Gewiss auch deshalb; aber unter diesem Aspekt handelte es sich nur um eine Frage der Wahrhaftigkeit, nicht der Wahrheit: eine wesentlich komplexere und facettenreichere Vorstellung, welche an die der Poesie grenzt oder gar mit ihr übereinstimmt.

Eine wichtigere und interessantere Frage ist: Was hat mich dazu bewogen, die Geschichte von Maria zu schreiben? Erschien sie mir vielleicht als außergewöhnlich? Ja, so erschien sie mir. Aber um es gleich klarzustellen, soll gesagt sein, dass ich das Außergewöhnliche in dem finde, was klar, einfach und rein ist; was jenen hingegen, die keinen Sinn für diese seltenen Eigenschaften haben, in der Regel belanglos erscheint; mehr noch, sie ziehen sie nicht einmal in Betracht.

Während ich mit Maria zusammenlebte und ohne überhaupt daran zu denken, über sie zu schreiben, empfand ich Folgendes: Wo Maria war, herrschte eine spezielle Atmosphäre, fast eine unsichtbare Ordnung in der Unordnung der Welt.

(Ich schrieb das Buch, als Maria nicht mehr in meinem Haus war, und ich dachte nicht, dass sie zurückkehren würde, was sie jedoch tat: Tatsächlich tauchte Maria nicht nur in meinem Leben, sondern auch in einem anderen Buch wieder auf).

Gesellschaftlich gesehen war unsere Beziehung eine antiquierte und mittlerweile anachronistische, die in den Begriffen Dienstmädchen und Herrschaft oder, weniger grob, Hausangestellte und Hausherrin überdauert.

Der Dichter Eugenio Montale, der auch Kritiker, genauer gesagt ein gründlicher Leser ist, schrieb, das eigentliche Thema des Buches sei nicht das Porträt von Maria, sondern eine Beziehung, die er als fast »mystisch« bezeichnete; was bedeutet, dass über die soziale und sogar über die affektive Beziehung hinaus eine geheimnisvollere Bindung zwischen den beiden Frauen besteht, vielleicht eine gewisse Seelenverwandtschaft, trotz der unterschiedlichen Herkunft, Umgebung und Kultur.

Diese tiefe »Sympathie« zwischen den beiden Protagonistinnen stellt sich im Roman auch als eine umfassendere Begegnung auf geschichtlicher Ebene dar, nämlich zwischen zwei Welten: der bürgerlichen, städtischen, intellektuellen Welt und der bäuerlichen. Im Buch wird die »bürgerliche« Welt durch unvoreingenommene Menschen bescheidener Herkunft verkörpert, denen das Streben nach Macht fremd ist, und die bäuerliche Welt ist arm, würdevoll und religiös: Die Voraussetzungen für ein gegenseitiges Verständnis sind also gegeben.

Der Roman erzählt die Geschichte einer kleinen Familie und erstreckt sich über die 1930er und 1940er Jahre. Da ist ein junges Ehepaar in einer Provinzstadt, und da ist eine Hausbedienstete: Maria; ein Kind wird geboren; sie ziehen in eine große Stadt; da sind die Spiele des Kindes und die ersten Schuljahre; der Krieg, Trennungen. Durch Marias Erzählungen und die Besuche des Paares an ihren Orten entfalten sich viele Geschichten, das heißt viele Existenzen, mit ihren dramatischen oder auch tragischen und ebenso komischen Momenten: die Geschichte von Fredo, die von Margherita und viele mehr. Das für das Genre des Romans typische Gefühl des Vergehens der Zeit ist auch hier zu spüren: Das Kind wächst heran, Maria wird alt. Geschichte setzt Ereignisse in Gang, die Schicksale beeinflussen und Lebensweisen verändern. Das Buch *Maria* ist auch ein Zeugnis der »bäuerlichen Kultur« (in diesem Fall von Berg- und Grenzlandschaften): eine Kultur, die im Verschwinden begriffen ist.

Was lässt sich über den Stil, die Sprache von *Maria* sagen? Die Begegnung, die Sympathie, zu der es in der Realität kam, verwirklicht sich auch im Buch, durch den Stil – wie sonst? Sollte der Autor demnach seinen Stil am Vorbild seiner Figur ausrichten? Es geht nicht darum, solch eine absurde und, wie jedes Bemühen, nutzlose, schlimmer noch, schädliche Anstrengung zu unternehmen. Der Schriftsteller trifft eine Wahl, in der Welt oder in seiner Fantasie, was dasselbe ist: Diese Wahl beinhaltet den Stil.

Ich hatte bei Maria eine Lebensweise kennengelernt, die ich bewunderte; nun, meine Bewunderung war weniger eine moralische als vielmehr eine ästhetische, eine literarische: das heißt, für mich war Maria bereits eine Romanfigur, bevor es mir in den Sinn kam, sie zu schreiben, sie mit Worten zu erschaffen. Daher ist nichts in dem Buch unangemessen beziehungsweise nicht im Einklang mit dem gewählten Thema. Marias Welt wird natürlich durch mich betrachtet; aber meine Arbeit wurde geleitet von der Achtung vor dieser Welt, in der nur das Wesentliche zählt, wie in der eigentlichen Sprache der Poesie.

I.

Als wir unser Haus betraten, war Maria schon da.

Wir kamen von der Reise zurück und gingen auf Zehenspitzen, denn es war Mitternacht.

Ich kannte Maria nicht. Ich hatte sie nur kurz gesehen, als sie gekommen war, um sich vorzustellen. Das Kennenlernen von Menschen brachte mich in Verlegenheit; so spähte ich von einem Nebenzimmer aus durch die angelehnte Tür.

Sie saß auf der Stuhlkante, die Füße gekreuzt, die Hände im Schoß gefaltet; sie war mager und zierlich, in Schwarz gekleidet: mit einem runden Spitzenkragen.

Sie hielt den Kopf zur Schulter geneigt, und ihre unbeweglichen blauen Augen mit den hängenden Lidern hatten einen resignierten und etwas traurigen Ausdruck. Ich habe daraus keinen Schluss gezogen, sondern eher gedacht, dass sie eine geeignete Gestalt für ein Gemälde sei.

Am Morgen verließ Pietro früh das Haus: Er musste wieder arbeiten. Als Maria sah, dass ich aufgestanden war, lächelte sie mich an und fragte, ob ich mich gut ausgeruht hätte; als wäre ich ein Gast: Sie jedoch war da, als wäre sie schon immer da gewesen. Sofort legte sich meine Befürchtung, dass Maria Anweisungen von mir erwartete. Sie bewegte sich lautlos durch die Zimmer, war unentwegt beschäftigt und stellte keine Fragen. Ich traute mich immer noch nicht, mit ihr zu reden, und auch sie schien schüchtern zu sein: Wir tauschten lediglich ein Lächeln aus, wenn wir uns begegneten.

Auch das Haus war neu für mich. Durch die Fenster konnte man Baumkronen und Berge sehen. Die Zimmer waren groß, ein wenig leer. Immer noch standen da die Blumenkörbe: Blumen mit langen Stielen und einem intensiven, süßen Duft.

Von außen betrachtet, war es ein großes Gebäude, zur Hälfte bewachsen mit Kletterpflanzen. Man erreichte es von der Auffahrt her durch ein kleines Tor, über einen Kiesweg.

Es war ein stilles Haus und still war auch die Stadt, versunken und fast ein wenig verschlafen, inmitten ihrer Flüsse und bewaldeten Berge.

Dort, wo die Stadt endete, zwischen Weizenfeldern, stand unser Haus. Auf der neu angelegten Straße kam nie jemand vorbei; über die schattige, uralte Allee waren Scharen von Jungen auf Fahrrädern unterwegs oder die Alten aus dem Hospiz, langsam und gebrechlich.

Wenn Pietro nach Hause kam, nahm ich ihn bei der Hand, und obwohl ich sehr wohl wusste, dass er ein junger Mann war, mochte ich es, ihn mir viel älter vorzustellen; und kindlich, mehr noch als liebevoll, setzte ich mich auf seinen Schoß.

Maria sagte »Entschuldigung«, bevor sie eintrat. Oft rührte ich mich nicht. Sie kam schweigend herein, in der Hand einen ovalen, randvollen Teller. Sie stellte ihn auf den Tisch und verschwand mit den Worten »Guten Appetit«.

Die von Maria zubereiteten Speisen waren so harmonisch wie Gemälde.

Wenn sie Karotten, Sardellen und Oliven auf Mayonnaise arrangierte, verstand sie es, die Farbtöne so aufeinander abzustimmen, dass wir bedauerten, die schönen Kompositionen zu zerstören. Aber wir waren immer hungrig.

Questo libro è stato tradotto grazie a un contributo per la traduzione assegnato dal Ministero degli Affari Esteri e dalla Cooperazione internazionale Italiano.

Dieses Buch wurde dank eines Übersetzungszuschusses des Italienischen Ministeriums für Auswärtige Angelegenheiten und internationale Kooperation übersetzt.

Bibliografische Information der Deutschen Nationalbibliothek
Die Deutsche Nationalbibliothek verzeichnet diese Publikation in der Deutschen Nationalbibliografie; detaillierte bibliografische Daten sind im Internet über http://dnb.d-nb.de abrufbar.

Lektorat: Klaudia Ruschkowski, Perugia
Covergestaltung: Karina Bertagnolli, Wiesbaden
Bildnachweis: © Heritage Images / The Print Collector / akg-images
Umschlag, Satz und Layout: Anja Carrà, Weimar
Der Titel wurde in der Adobe Kepler gesetzt.
Gesamtherstellung: CPI books GmbH – Germany

ISBN: 978-3-7374-1239-1

Mehr über Ideen, Autor:innen und Programm des Verlags finden Sie auf www.verlagshausroemerweg.de und in Ihrer Buchhandlung.